ゆたかカレッジの
豊かなキャンパスライフ

文化・芸術の授業でハロウィンパーティ準備中！

水耕栽培で小松菜を育成。種まきから２か月後

メイクアップの特別講座

バスハイクへGO！

田植えの授業。一列に並んで糸の目印を頼りに植えていく

稲刈りの授業、2人で「イーネー」

基礎学力の授業

授業で育てた餅米で餅つき

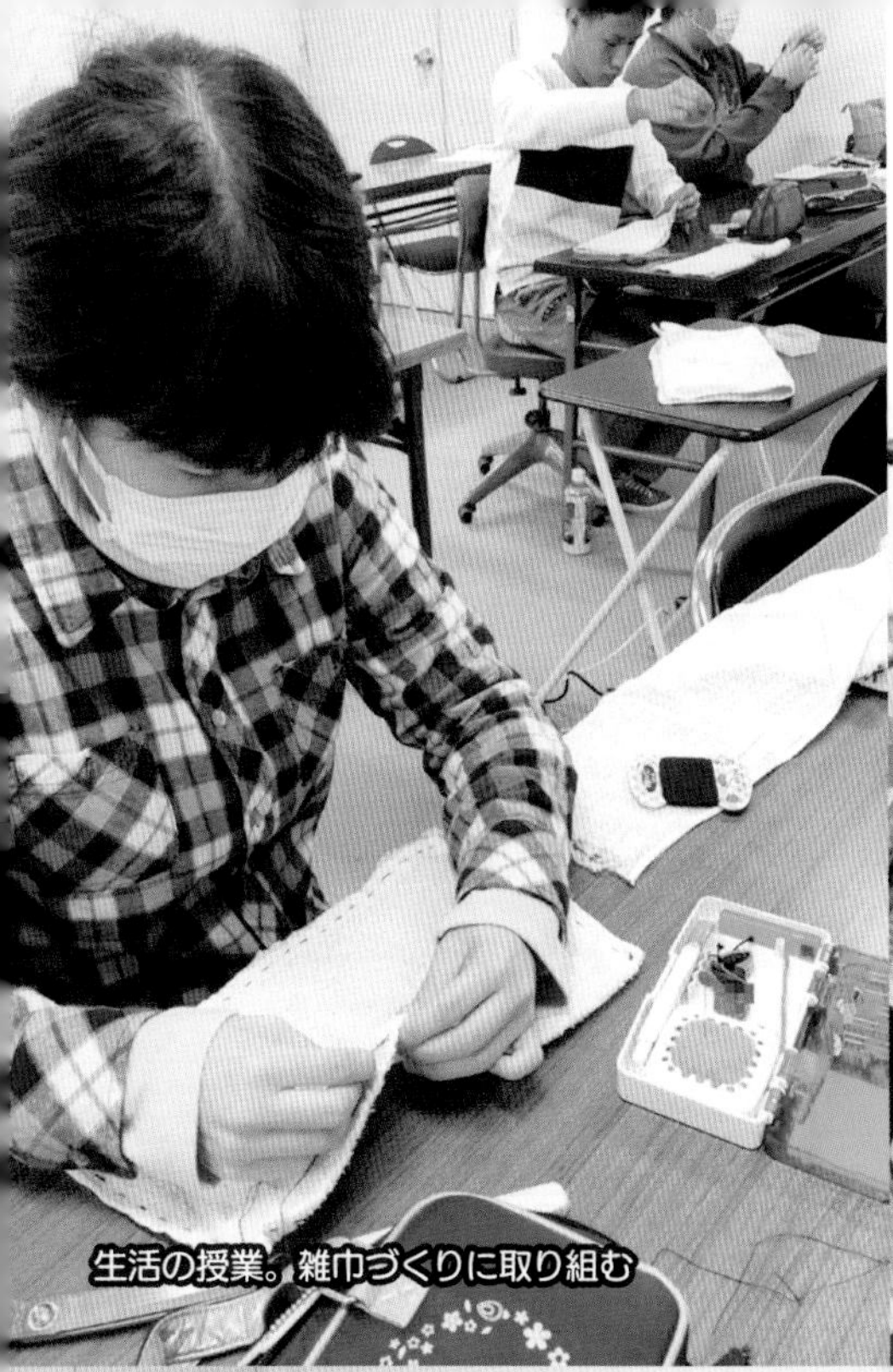

生活の授業。雑巾づくりに取り組む

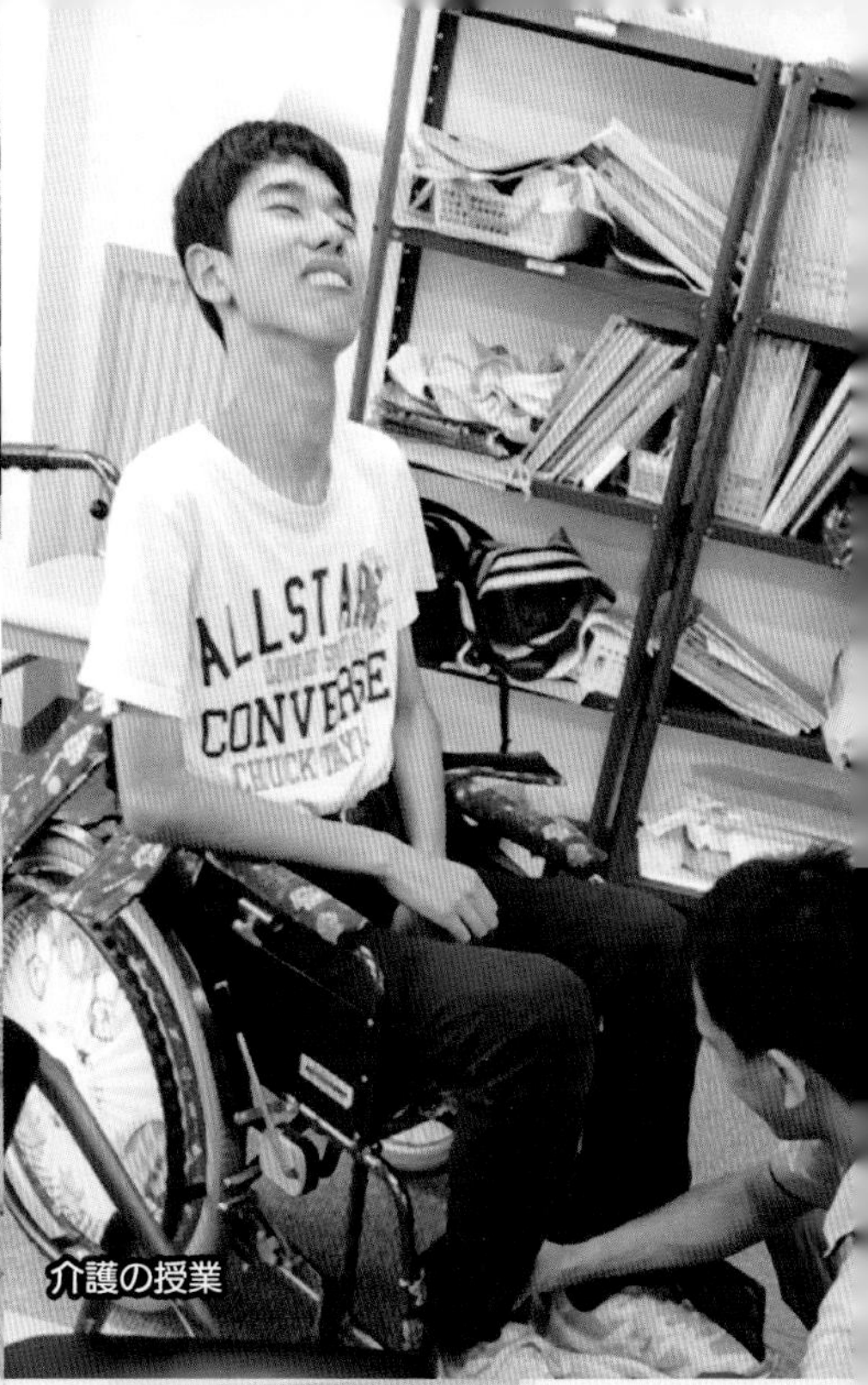

介護の授業

地域の祭り「アトムフェスタ」で出店

就労実務で仕分け作業。彼は色で分け始めた

学生自治会選挙の開票作業

成人の祝い

学習院大学との交流で

西南学院大学との交流で

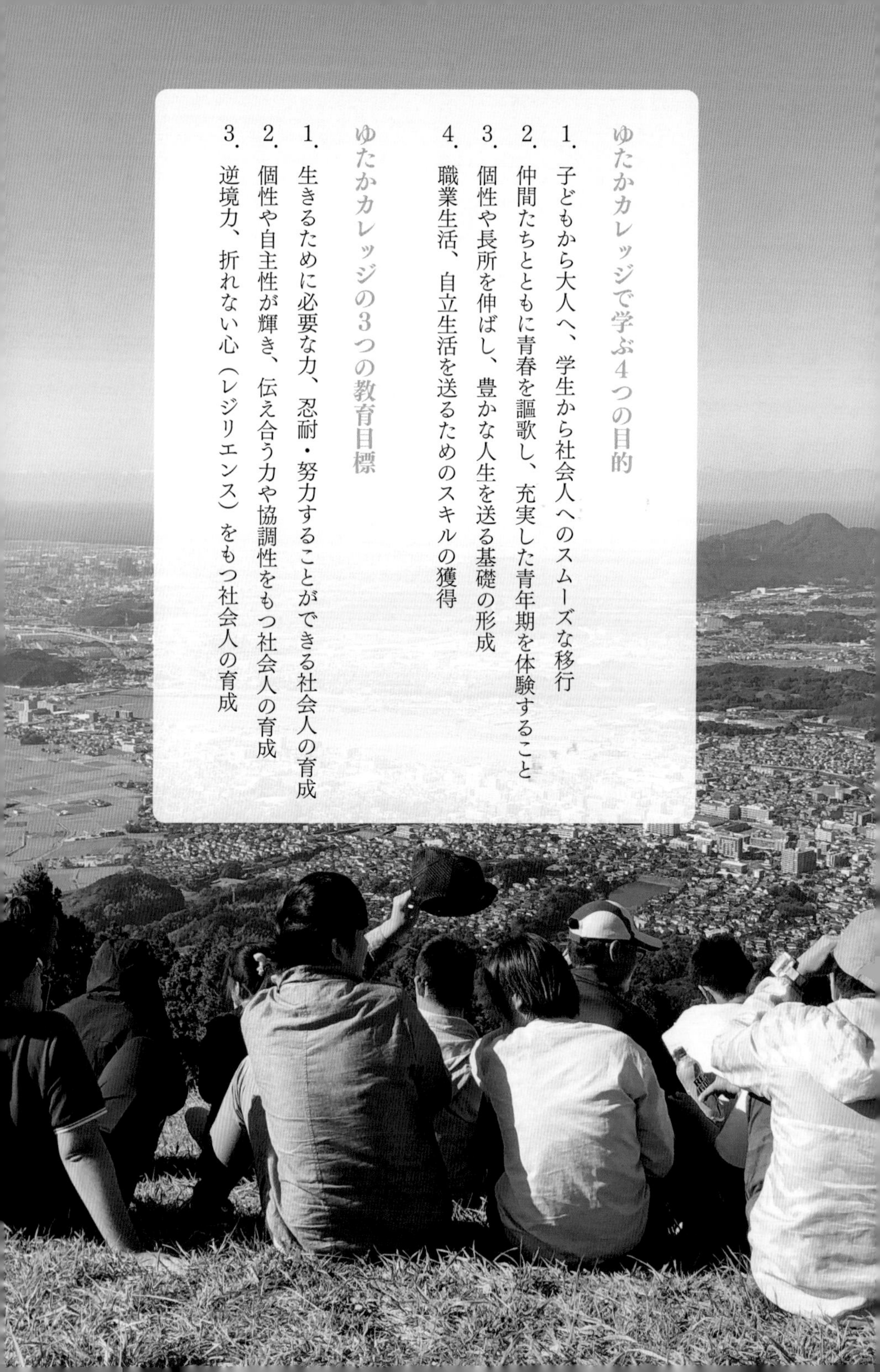

ゆたかカレッジで学ぶ４つの目的

1. 子どもから大人へ、学生から社会人へのスムーズな移行
2. 仲間たちとともに青春を謳歌し、充実した青年期を体験すること
3. 個性や長所を伸ばし、豊かな人生を送る基礎の形成
4. 職業生活、自立生活を送るためのスキルの獲得

ゆたかカレッジの３つの教育目標

1. 生きるために必要な力、忍耐・努力することができる社会人の育成
2. 個性や自主性が輝き、伝え合う力や協調性をもつ社会人の育成
3. 逆境力、折れない心（レジリエンス）をもつ社会人の育成

知的障害者の高等教育保障への展望 2

知的障害者の大学創造への道

長谷川正人
ゆたかカレッジ
◆編著

クリエイツかもがわ
CREATES KAMOGAWA

まえがき

前著『知的障害者の大学創造への道―ゆたか「カレッジ」グループの挑戦』(クリエイツかもがわ)を出版したのは2015年10月でした。最初のゆたかカレッジである「カレッジ福岡」を開設して3年半後のことです。当時はまだ卒業生もなく、最上級生の4年生3人が、就職に向けて企業でのインターンシップに取り組んでいました。

それから約4年半が過ぎました。キャンパスの数は4拠点から10拠点へ、学生数は80人から300人へと増えました。卒業生も福岡キャンパスの第1期生3人を皮切りに、長崎、北九州、早稲田の各キャンパスでそれぞれ卒業生を送り出し、2019年3月の第4期生まで合わせて70人が社会に巣立っていきました。

ゆたかカレッジを開設する前によくいわれたのは、「知的障害者が大学で学ぶなんて考えたこともない。何の意味があるの?」ということでした。開設後は「ゆたかカレッジを卒業して本当に就職できるの?」でした。日本にほとんど同様のモデルのない知的障害者のための「大学」ですから、世間の人が訝《いぶか》しむのは当然のことだったのかもしれません。

2019年3月までの70人の卒業生の進路は、41人が一般就労(58・6%)、8人が就労継続支援A型事業所(11・4%)、16人が就労継続支援B型事業所(22・9%)、4人が研究生(5・7%)、1人が専門学校進学(1・4%)です。会社と雇用契約を結び、最低賃金を保障されて働いている人は、一般就労とA型事業所を合わせて49人で、卒業生の7割にのぼります。

ゆたかカレッジの学生の多くは、特別支援学校高等部などの卒業時、一般就労は難しいだろうといわれていた人たちです。その理由は、「上司の指示通りに行動するのが難しい」「周りの人とコミュニケーションを取ったり協調するのが難しい」「同じ仕事を何時間もコツコツと継続するのが難しい」「上司から厳しく注意されたり嫌なことがあると感情的になって周囲に迷惑をかける」などです。

仕事自体は会社のなかで時間をかけて少しずつ覚えていけますが、対人関係、持続性、感情コントロールなどを会社でていねいに教えることは困難です。会社は営利を目的とした経済活動の場であり、人格形成は教育の範疇だからです。

「知的障害者は発達がゆるやかなのだから、教育年限も健常者よりも長くあるべきだ」

しばしばいわれるこのことを、私はゆたかカレッジの実践を通して学生たちの日々の成長を目の当たりにしてきたいま、確信をもって断言できます。

知的障害者の学校教育を18歳で終えるのは、大きな社会的損失でもあると思います。18歳から4年間、適切な教育を通じた学びの機会を提供することにより、多くの知的障害者は、福祉サービス事業所で生涯を過ごすのではなく、一般就労して納税者として社会貢献をする人になります。彼らはまさに、一億総活躍社会の一翼を担う存在になり得るのです。

本書は前著『知的障害者の大学創造への道』の続編であり、ゆたかカレッジの8年間の実践をまとめたものです。本書には卒業生、保護者、支援教員など、ゆたかカレッジを支える多くの人たちが登場します。

プロローグは、ゆたかカレッジを横浜に呼びたいと誘致活動を展開したお母さんにスポットを当てました。

第1章では、ゆたかカレッジの設立の動機や8年間の歩みをまとめました。また、知的障害者を取り巻く社会的状況と今日の課題を明らかにすることを通じて、ゆたかカレッジが果たすべき役割について言及しています。

第2章では、学生たちの学びという視点から、教育内容や自立に向けた4年間のプログラム、各キャンパスの特徴、そして支援教員から見た学生たちの成長の様子などを紹介しています。

第3章では、ゆたかカレッジ卒業後、企業などに就職した学生たちの様子を、卒業生へのインタビューや卒業生保護者の座談会を通じて紹介しています。

第4章では、現場の支援教員の立場から、ゆたかカレッジで働く意義ややりがい、仕事を通じた成長などについて、座談会や手記などで紹介しています。

第5章は、これまでのゆたかカレッジの取り組みを踏まえ、これからの日本が進むべき方向を見据えたグローバルな視点から、今後のゆたかカレッジが大切にすべき価値や方向性などを語る座談会です。人間の尊厳、障害・福祉・教育・労働の原点などについての言及があります。また、文部科学省の委託を受けて1年間にわたって実施した、ゆたかカレッジ横浜キャンパスと相模女子大学との連携事業の内容と成果を紹介しています。

エピローグでは、今後のゆたかカレッジの将来展望について語っています。

この本を一人でも多くの方々に読んでいただき、教育によって開花する知的障害のある青年たちの大きな可能性に確信をもっていただければと思います。

そして、人生100年時代といわれる今日、知的障害のある人たちが、多くの人との関わりのなかで、職場や地域に自らの居場所をもち、その人らしく個性的に、主体的に、充実した人生を歩んでいただきたいと思います。ゆたかカレッジがそのための一助となり得るなら、これほど光栄なことはありません。

ゆたかカレッジは、今後も知的障害者の高等教育保障が当たり前になる社会をめざして邁進していきます。皆様のご支援をよろしくお願い申し上げます。

※本書に登場する学生はすべて仮名です。

2020年4月

ゆたかカレッジ学長　長谷川正人

知的障害者の高等教育保障への展望——知的障害者の大学創造への道2

もくじ

プロローグ――久保雅美さんに聞く横浜キャンパス誘致活動

2017年の春のことです。その日は、東京都新宿区にあるゆたかカレッジ早稲田キャンパス（当時はカレッジ早稲田）のオープンキャンパスでした。概要説明や体験授業のあと、希望者との個別面談があります。その面談の最後は、横浜から来た2人の母親でした。

「横浜にカレッジをつくってください！」

開口一番のこのひと言が、横浜キャンパスの開設につながっただけでなく、実はゆたかカレッジが関東一円に視野を広げるきっかけにもなりました。それまでは東京都内だけで考えていたからです。

それが、いずれもダウン症の子をもつ久保雅美さんとそのママ友でした。久保さんの娘・ヒカルさんは、2019年に開設したばかりの横浜キャンパスに入学しています。

●どうしても選択肢を増やしたくて

「こんなにすばらしいものが日本にもあったのか、と衝撃を受けました。やはり、もっとゆっくり学んでもいいと思います。その選択肢を増やしたいという思いが強くありました」

オープンキャンパスで概要説明を聞いた久保さんの感想です。

久保さんは2年半ほど、ご主人の仕事に伴って家族でタイに住んでいました。ヒカルさんは当時中学2年生でした。現地のインターナショナルスクールの養護学校で2年ほど学んだそうです。久保さんが驚いたのは、そこに20代になってもまだ学んでいるダウン症の男子学生がいたことでした。

本人が希望すればいつまで学んでもいい、という感じだったそうです。

帰国が決まって、久保さんは日本の福祉の状況について、特別支援学校後の進路も視野に入れながら情報を集めていました。そのときに、ゆたかカレッジの情報をインターネットで見つけました。

「帰国してすぐ友人と早稲田に行きました。でも横浜からは遠い。それで『もう呼ぶしかない』と直談判したのです。長谷川さんは『カレッジ横浜ねぇ、ネーミングがカッコいいね』という感じで、あまり乗り気ではないように見えました。それならとにかく熱意で押そうと、誘致活動に本腰を入れました」

久保さんらはゆたかカレッジの誘致プロジェクトを立ち上げ、2年間にわたり複数回の講演会を実施するなどして、福祉型カレッジを求める世論を広げていきました。こうした誘致活動を受けて2017年秋、ゆたかカレッジとして2019年度の横浜キャンパス開設を決めました。ほぼ同時に、同年度の川崎キャンパスと江戸川キャンパスの開設も決めました。

久保さんらは、仮に自分たちの子どもに間に合わなくても、これは後に続く後輩たちのためにもやり遂げようと話し合っていたそうです。開設場所に戸塚区を選んだのも久保さんたちでした。JRと地下鉄のブルーラインが交差して交通の便がよく、商店街など地域を巻き込んでコミュニティカフェを運営しているNPO団体もあるなど、「すごく

「カレッジ横浜キックオフイベント」で主催者あいさつをする久保さん（2018年）

すてきな土地だと思ったから」という話でした。

決め手は「自主研究がしたいから」

久保さんは一時、障害者の作業所で働いていたそうです。特別支援学校を卒業してすぐの利用者と接するなかで、もう少し教える時間があったらもっと伸びるのにと思うことがよくあったといいます。だから、ヒカルさんにはもう少し学べるところに行ってほしいと思っていたそうです。

進路を決めるにあたって、ヒカルさんは2か所に実習に行きました。1つは就労移行の事業所でした。そこは軽度の発達障害や精神障害の男性が多く、しかもほとんどの人が背広姿でした。学校とまったく違う雰囲気のなかでうまくやっていけるかと心配だった久保さんでしたが、ヒカルさんはとてもやさしく受け入れてもらい、楽しい実習期間を過ごしたそうです。次に行ったゆたかカレッジの実習は、4日間ほどの短い期間でした。

そしてヒカルさんが選んだのは結局、ゆたかカレッジでした。「自分の力が出せそう」と思ったようです。一番の理由は「自主研究がしたい」ということでした。テーマを決めて1年を通じて研究し、論文にまとめて発表するものです。それが決め手になったようでした。

人は短期間でも成長すると実感

横浜キャンパスは現在1学年のみでA・Bの2クラスです。ヒカルさんが所属するAクラスは8人中7人がダウン症です。実習でもいっしょだったメンバーで、毎日楽しく通っています。顔の色つやもよくなってきました。どうやら友達ができたことが大きいようです。

「特別支援学校の高等部ではクラスに軽度の生徒さんが多く、知的レベルの違いからか話の合うお友達ができず、娘はいつも、『友達を作るのが目標』といっていました。それが入学して3〜4日で『友達できた！』と帰って来ました。何年もの念願を達成して、すごくうれしいそうにしています」

あるとき久保さんは、支援教員からヒカルさんがクラスのリーダーをしていると聞いて、尋ねたそうです。

「リーダーしてるんだって？」

「そう。リーダーしたかったんだよね」

高等部時代、クラスにみんなをまとめる憧れの子がいたそうです。ヒカルさんには、自分もしてみたいと思いながらもあまりできないほうだし……、という思いがあったようです。

「いまは同じような感じの学生たちのなかで、リーダー役を担える場所を用意してもらって、やりがいや居場所を見つけたのではないか、と親としては受け止めています」

と久保さん。その効果なのか、苦手なことに挑戦する姿も見られるようになりました。

横浜キャンパスでは水田を借りて、もち米を育てる授業を行っています。月に1〜2回、その田で作業をします。田植え前後、膝下あたりまで泥に入るのは普通です。実はヒカルさんはベトベトなどに対して少し過敏で、虫も大嫌い。だから見るだけになっても仕方がないか、と久保さんは思っていたそうです。しかし少しずつ慣れ、いまでは作業に一生懸命取り組んでいます。

「たぶん、指導してくださるＮＰＯの方や先生方のほめ方がとても上手なのだと思います。『あんなベタベタなのに、よくがんばってるね』というと『いい経験させてもらっているから』といいます。娘からそんな言葉が聞けるなんて驚きです」

さらに、ゆたかカレッジで重視しているレジリエンス＝折れない心に関連しても、変化が出てきました。ヒカルさんは、気に入らないことやうまくいかないことがあるとすぐに泣いてしまうタイプだったといいます。けれども最近は、泣きたいことがあると、横浜キャンパスで相談室として使っている小部屋に入り、ひとしきり泣いて「スッキリした」と出てくるようになりました。

「安心して自分や自分の力を出せる場所があると、人は短期間でも成長するのだと思って見ています。立ち上げの年なので実はいろいろなことがありますが、それでも本人にその成長があるのを見ると、親としては感謝の気持ちでいっぱいの毎日です」

と久保さんは話しています。

●広がるキャンパス誘致の取り組み

久保さんらのキャンパス誘致の取り組みをモデルにして最近、特に関東の各地でゆたかカレッジの話が聞きたいと講演会が企画されています。どこも盛況で、新キャンパスの開設につながったケースも出てきています。また、特別支援学校の先生たちに講演する機会や、先生たちのキャンパス視察も増えてきました。

私たちは、こうした期待の広がりをひしひしと感じ、その期待に応えるべく努力を続けています。

第1章

ゆたかカレッジとは

1 障害福祉サービスとしてのゆたかカレッジ

ゆたかカレッジは、制度上は障害者総合支援法にもとづく福祉サービスです。原則2年間の自立訓練（生活訓練）事業と、同じく原則2年間の就労移行支援事業を組み合わせた4年間のプログラムです。

これにより、前半の2年間で人格形成と人間的成長をめざし、後半の2年間で就労に向けたトレーニングと就職活動支援を行うという、多角的かつ重層的な自立支援プログラムになりました。

とはいえ、この2つはそれぞれ独立した障害福祉サービスです。したがって、自立訓練サービス利用者が2年後に、自動的に就労移行支援サービスに移るわけではありません。自立訓練サービス終了時に、事業所、行政、相談支援センターが、個々の利用者に対し本人の成長課題についてのアセスメント調査を行います。その結果、就労移行支援サービスを利用することが適切であると判断された場合に、就労移行支援事業に移ります。

最初のゆたかカレッジであるカレッジ福岡をスタートさせた2012年当時、知的障害者が通える4年制大学はどこにもないといっていい状況でした。

たとえば一般の大学生も、就職活動は3、4年生で、1、2年生の間は好きなことに取り組んだり好きな知識を極めたりと、いろいろな経験を積むことができます。知的障害がある学生たちにも、そういう生活を送ってほしいと考えました。

何とか4年制の大学のようなものができないかと考えてたどり着いたのが、自立訓練の2年間と就労移行支援の2年間の組み合わせでした。それを福祉型カレッジという呼称にしたのです。

ゆたかカレッジは障害福祉サービス事業所として運営しているため、利用料はほとんど公費で賄われます。一泊旅行など大きな行事には別途実費がかかりますが、通常は行事や余暇活動時の費用としておおむね1か月5000円程度の本人負担です。

私たちはこの福祉型カレッジをムーブメント、運動として広げていこうとしています。知的障害のある人たちに高等教育――健常者でいう大学や短大、専門学校など18歳以降の学びの場を広げていく運動です。

ゆたかカレッジは現在、東京都新宿区、同江戸川区、神奈川県横浜市、同川崎市、福岡県福岡市、同北九州市、長崎県大村市にある8か所のキャンパスに加え、2020年4月に埼玉県さいたま市、静岡県沼津市にも新規開設し、合わせて10か所のキャンパスで合計約300人の学生が学んでいます。

2 ゆたかカレッジの歩み

1 社会福祉法人鞍手ゆたか福祉会を母体に

現在のゆたかカレッジは、株式会社ゆたかカレッジが運営しています。しかしカレッジを始めた当初は、福岡県を拠点とする社会福祉法人鞍手ゆたか福祉会が運営母体でした。

この鞍手ゆたか福祉会は1992年にスタートして、現在は約20か所の福祉サービス事業所を運営しています。障害の重い人を主な対象としてスタートしたので、生活介護の事業所とグループホームが中心です。ほかにもニーズにしたがって就労移行支援事業所や障害者相談支援センター、就業・生活支援センター、障害者のためのヘルパーステーションなどを運営しています。利用者が1300人、職員が230人という障害者福祉事業に特化した社会福祉法人としては九州でも比較的大きい規模に属します。

② 娘が支援学校を卒業するときに

ゆたかカレッジ設立のきっかけには、娘の明日菜の存在がありました。彼女には重度の知的障害があり、自閉スペクトラム症です。障害支援区分は6、療育手帳の等級はA1という最重度です。言葉がほとんど出ていません。

その娘が支援学校の高等部を卒業する半年ほど前に、担任の先生と卒業後の進路について話し合う進路相談会がありました。そこで、妻は担任の先生に、娘を留年させてほしいとお願いしました。

「明日菜はまだ社会に出すには早すぎます。もっといろんな勉強をさせたいし、いろんな楽しいことも経験させたいので、留年させてください」

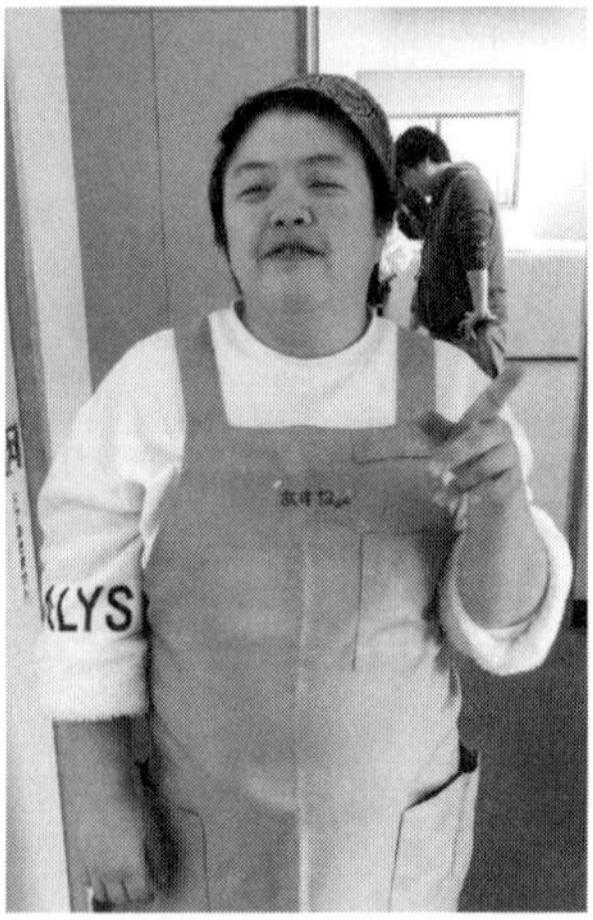

娘の明日菜。生活介護事業所で

すると担任の先生は「いや、明日菜さんは学校が大好きで欠席も全然ないから、留年はできないですよ」とのことでした。それもそうだ、仕方がないと思って、私たちはとても切ない思いをしました。

健常者は、高校を卒業しても約7割の人はすぐには就職せず、大学や短大、専門学校などの高等教育機関に進学しています。しかし知的障害者の場合、高校を卒業したら「学びの場」という選択肢はどこにもなく、ほぼすべての人が企業への一般就労か就労継続B型事業所や生活介護事業所などへの福祉的就労しかありません。いずれにしても「働く」という選択肢しか用意されていないことを改めて痛感しました。２０１０年のことです。

明日菜はその後、支援学校を卒業して生活介護事業所で働いています。菓子箱折りや段ボール箱づくり、ポスティングなどの作業をして、工賃をもらっています。生活はグループホームで、昼間はそこから作業所に通う日々です。

こうして明日菜は生活介護事業所に通ってとても幸せそうに過ごしていますが、私たち夫婦にはやはり、支援学校卒業時の切ない思いが残っていました。なぜ知的障害がある人たちには18歳から学ぶ場がないのか……。知的障害者は健常者に比べて発達がゆるやかなのだから、逆に健常者よりも長く教育を受ける機会があってもいいのではないか……。けれども当時まだ、私たちにカレッジの発想はありませんでした。

③ 専攻科づくりの運動に触れて

それから1年くらい過ぎた頃、和歌山県、三重県、大阪府、京都府、兵庫県などの関西方面で、福祉型専攻科というものが広がっているという話を聞きました。

専攻科とはもともと高校などの卒業後の課程として、専門分野を深めたり資格を取得したりすることを目的に当該校に設置されるもので、修業年限は1～2年とされています。

専攻科が設置されている知的障害の特別支援学校は全国に9か所だけですが、視覚特別支援学校（旧盲学校）や聴覚特別支援学校（旧聾学校）には、高等部の上に専攻科がある学校がたくさんあります。たとえば視覚特別支援学校の専攻科では、鍼灸やマッサージの資格を取る人が多いようです。

こうした19～20歳まで学べる専攻科を知的障害の支援学校でもつくってほしいという運動が、2000年頃から始まっていました。支援学校の先生や保護者、障害児教育の研究者などが中心になって「全国専攻科〈特別ニーズ教育〉研究会」（全専研）をつくり、その団体が中心になって専攻科づくりの運動を進めていました。

しかし、いまの特別支援学校は子どもの数が急増しています。しかも、発達障害者支援法が制定されて発達障害の子どももたくさん通うようになったことから、特に高等部で増えているのです。そのため、たとえば理科室や家庭科室を普通教室にしたり、運動場にプレハブを建てて教室を増やしたりして、なんとか受け入れているのが現状です。

そういう状況ですから、高等部を卒業する人がさらに専攻科という形で学校に在籍するのは、現実的には非常に難しい状況があります。

それならば、福祉の制度を使って学びの場をつくろうと、自立訓練事業を使った2年間の福祉型専攻科が広がっていきました。福祉型専攻科はいま、関西を中心に50か所くらいになっています。

そのことを知ったとき、私は「これだ！」と思いました。明日菜に「学び」という選択肢を提供してやれませんでしたが、やはりそういう場が必要だと思って、九州に福祉型専攻科をつくろうと思い立ったのです。当時、九州には1か所もありませんでした。

さっそく準備を始めて2012年4月、最初のゆたかカレッジであるカレッジ福岡を開設しました。福岡市東区の5階建ての建物で、学生数は5人、支援教員も5人でした。最初は福祉型専攻科としてのスタートでしたが、その後構想を発展させ、2014年以降は福祉型カレッジと位置づけています。

④ 娘は興味を示さなかったが……

カレッジ福岡ができたのは、娘が支援学校を卒業して2年後のことでした。もちろん私たちは「勉強する場ができたよ。行こうよ」と、娘を一生懸命カレッジに誘いました。

けれども娘は自閉症で環境の変化を受け入れません。毎日生活介護事業所に通うことが大好きで、日曜日や祭日が休みということもなかなか理解できなくて、「今日はお休みだよ」というとパニックを起こすほどに、本当に楽しく通っているのです。

それでも私たちは明日菜に「カレッジ福岡というのが4月にオープンするから行こうよ」と、カレッジを見せに連れて行きました。でも「ふん……」と、興味を示しません。さらに私たちがしつこくいうと、ついに建物にすら入らなくなってしまいました。

そういうわけで、彼女はいまも生活介護事業所に通っています。

5 ニーズに応えて次々オープン

カレッジ福岡を開設した翌2013年には、カレッジながさきを開設しました。カレッジながさきができたきっかけには、カレッジ福岡の実践が絡んでいます。

というのもカレッジ福岡は、九州のなかでは珍しい学びの場としてさまざまな人たちから「何をしているんだろう」と関心を集めていました。そんななか、長崎にある発達障害の親の会から「カレッジ福岡の取り組みの話をしてほしい」と講演依頼があり、まだまだ未熟な実践でしたが、出かけて行って紹介しました。スタートした年の11月のことです。

すると、講演後の質疑応答で「すばらしい。ぜひ長崎にもつくってほしい」といわれたのです。そのときについ「わかりました。じゃあつくります」といってしまいました。それで11月からバタバタと準備をして翌年4月、南北に長い長崎県のだいたい中心地点にあたる大村市で、カレッジながさきをオープンしました。

その次の2014年、福岡県北九州市にカレッジ北九州と東京都新宿区にカレッジ早稲田をオープンしました。北九州でも長崎と似た経緯がありました。

北九州では「手をつなぐ育成会」の人たちから講演依頼があり、カレッジ福岡やカレッジながさきの学生たちの様子や取り組みについて紹介しました。すると「それはすばらしい」と、ここまでは長崎と同じでしたが、続いて「なぜ長崎なんだ」といわれたのです。「福岡県には政令指定都市が福岡市と北九州市とあるのに、なんで北九州を飛ばして長崎につくったんだよ」といわれて、「わかりました。つくります」と、翌年にカレッジ北九州をオープンしたのです。

こうして保護者のニーズに応えて各地にオープンしてきたのですが、実は早稲田だけは違います。早稲田をつくったのは、首都圏から全国に福祉型カレッジのムーブメントを広げていくためでした。というのも、カレッジ福岡やカレッジながさきの学生たちの日々の成長には目を見張るものがあったからです。

健常児の場合、小学校高学年頃に自我が芽生え、自分なりの意見や考えをもつようになり、親と衝突したりします。その頃から子どもたちの主体性が飛躍的に育ち、学校の先生や友達、家族など周囲の人からさまざまなことを学び著しく成長するようになります。

発達のゆるやかな知的障害者の場合、その時期がおおむね18～20歳頃に訪れるのではないかと思います。その時期のゆたかカレッジの学生たちの成長を見るなかで、青年期の知的障害者の学びはとても大きな意味があることを確信しました。そして、ゆたかカレッジは全国に広げていくべきではないかと考えました。

しかしながら、たとえば、新聞やテレビなどで福岡から発信した場合、その情報は、福岡県内か広くてもせいぜい九州圏内にしか伝わりません。それよりも、日本の中心である東京から発信するほうが全国により伝わりやすいと思ったのです。

18歳以降の知的障害のある人たちが学ぶことですごく成長し、豊かな人生を送れるようになる。就職しても失敗しないようになる。そうしたことを証明し、伝えたかったのです。

どこのカレッジも1年目は数人からのスタートでしたが、カレッジ早稲田も最初は6人でした。それがいま、合計110人の学生たちが通っています。キャンパスも分割し、高田馬場を含めてビルが5つになりました。すでに26人の卒業生も輩出しています。

⑥ 社会福祉法人から株式会社へ

2014年に6人の新入生からオープンしたカレッジ早稲田は、翌年15人が入学しました。翌々年以降は毎年40人前後が入学し、1年生から4年生まで揃った2017年には、在校生が100人以上になりました。

1つの事業所で100人を超えると、一泊旅行やスポーツ大会などの行事も実施が大変です。学生たち一人ひとりの思いに寄り添うことも難しくなります。そこで、2017年4月より、新たにカレッジ早稲田2という事業所を開設しました。カレッジ早稲田は3、4年次の就労移行支援事業と障害が比較的重い人たちのクラスである生活技能科の人たちを、カレッジ早稲田2は1、2年次の自立訓練事業の人たちを、それぞれ対象としました。

年々増えてくるカレッジ早稲田の学生たちのなかには、都外から通う約2割を含め、通学に1時間半以上かかる学生も多くいました。首都圏は特に交通機関が便利で網の目のように発達していますから、遠方からも通えます。高田馬場にはJR山手線、西武新宿線、東西線、副都心線、都電荒川線の駅があり、埼玉県や神奈川県、千葉県からも通うことが可能な立地です。多くの学生たちは1時間半から2時間、最も遠い人は神奈川県小田原市から2時間半かけて毎日通学していました。

けれどもやはり片道2時間近くの通学はとても大変です。特別支援学校高等部卒業後、学びたい、学ばせたいというニーズが非常に大きいにもかかわらず、自分が住んでいる地域にはそのニーズに応える場所がどこにもない。だから長い時間をかけて通って来ているのです。

そんなとき、プロローグで紹介した久保さんたちからカレッジ誘致の強い要望がありました。それだけニーズがあるのなら、もっといろいろな地域にキャンパスをつくり、通学の負担を軽減していきたいと考えるようになりました。

そこで私は、関東一円にスピード感をもってカレッジを設立し、学ぶ場を求めている人たちの要望に応えたいと考えました。しかしながら、現状の社会福祉法人ではそれは難しいのではないかと思えました。

社会福祉法人鞍手ゆたか福祉会では毎月1回約3時間、各事業所の管理者が一堂に会した法人運営会議が行われています。法人の課題や当面の事業方針などが話し合われる重要な会議です。

新たに事業所を開設する場合なども、そこで十分に検討された上で、その案を理事会や評議員会に上程し、決議され具体的に進められる仕組みになっています。カレッジを関東地区で積極的に展開するためには、法人運営会議で十分に案を練り上げていかなくてはなりません。

しかし、社会福祉法人鞍手ゆたか福祉会は、設立の理念から障害の程度にかかわらず希望する人は誰でも受け入れるというスタンスで運営されていたため、最重度の知的障害者、重度の自閉症の人、行動障害・強度行動障害のある人などが、各事業所にたくさん在籍しています。したがって法人運営会議では、そのような障害の重い人たちの支援のあり方などについて協議されることが多く、その話し合いで会議はあっという間に終わってしまいます。

そのような状況のなかでは、私が関東地区に翌年度に3か所のカレッジを開設したいと思っていても、なかなかじっくりとは話し合えません。

その頃から私は、カレッジを拡大していくためには、社会福祉法人からカレッジ事業のみを切り離した方がいいのではないか、と考えるようになりました。そして新たな経営母体について検討した結果、株式会社にすることに決めました。

こうして社会福祉法人鞍手ゆたか福祉会カレッジ事業部は、2018年4月から株式会社ゆたかカレッジの事業になりました。カレッジ事業部の職員は全員、2018年3月末で社会福祉法人を退職し、同年4月1日に株式会社で新規採用となりました。

株式会社に変わることによって、その1年後の2019年4月には、東京都江戸川区、神奈川県横浜市、同川崎市に同時3か所のキャンパス開設ができました。

7 「カレッジ○○」から「ゆたかカレッジ○○キャンパス」へ

当初は名称も「カレッジ福岡」「カレッジながさき」などとそれぞれでしたが、2019年1月に「ゆたかカレッジ」に統一し、各地の事業所はそれぞれ「キャンパス」と呼んでいます。

2020年4月現在のゆたかカレッジは、九州に福岡キャンパス、北九州キャンパス、長崎キャンパスの3キャンパス、首都圏では早稲田キャンパス、高田馬場キャンパスと、2019年に江戸川キャンパス、横浜キャンパス、川崎キャンパス、さらに2020年に埼玉キャンパス、沼津キャンパスを加えて、合計10キャンパスになりました。

私たちは首都圏でのニーズの高さをひしひしと感じているところです。あちこちでゆたかカレッジの講演会が企画・実施されるようになってきています。私たちはこうしたニーズに応え、首都圏を中心に関東でさらにキャンパスを広げていきたいと考えています。

3 知的障害者をめぐる社会的課題とゆたかカレッジ

日本にいると当たり前に思われることも、海外からは変に見えることがたくさんあります。知的障害者をめぐるそうした社会的課題を考えてみます。

1 知的障害者は学びたくても学ぶ場がない

まず1つ目の社会的課題は、知的障害のある人たちは18歳以降、学びたくても学ぶ場がないということです。

高校を卒業した106万人ほどの健常者のうち、70・7%が大学などに進学しています。一方、知的障害がある人たちは1万8600人ほどが特別支援学校高等部を卒業していますが、大学、短大、専門学校に進学した人はわずか105人という現状があります。70%と0・5%、約140倍の格差があるのが、いまの日本の知的障害者をめぐる学びの現状です（表1）。

それだけ学ぶ機会も学ぶ場もないのは、もしかしたら学びたい人がいないのではないかとも思えますが、決してそうではありません。

専攻科滋賀の会が特別支援学校在校生の保護者２７９人を対象に実施したアンケートの結果があります（図１）。それによると、「特別支援学校高等部を卒業後に学ぶ場が必要ですか」という設問に対して72％の人たちが「必要である」と答えています。さらにこの人たちに「どのくらい必要だと思いますか」と年数を問うと、「2年」42・3％、「3年」7・2％、「4年」14・7％、「5年以上」12・2％という結果でした。要するに、最低でも2年、できれば3年、4年、5年は学ぶ時間がほしいというのが、多くの人の意見であると明らかになっています。

② 知的障害者は就職しても さまざまな原因でつまずきやすい

2つ目の社会的な課題は、知的障害がある

表１●健常者と知的障害者の高卒後の進路比較データ

	大学等進学	就職	社会福祉施設	その他
高等学校卒業生（健常者）1061,565人	751,016人（70.7%）	193,276人（18.2%）	0人（0%）	117,727人（11.1%）
特別支援学校高等部卒業生（知的障害者）18,668人	105人（0.5%）	6,338人（34.0%）	11,267人（60.4%）	958人（5.1%）

出典：文部科学省「学校基本調査（平成30年度版）」および「特別支援教育資料」（平成30年度版）。なお、高等学校卒業生（健常者）の合計数が合わないのは原資料のまま

図１●特別支援学校高等部卒業後の学ぶ場の必要性とその期間

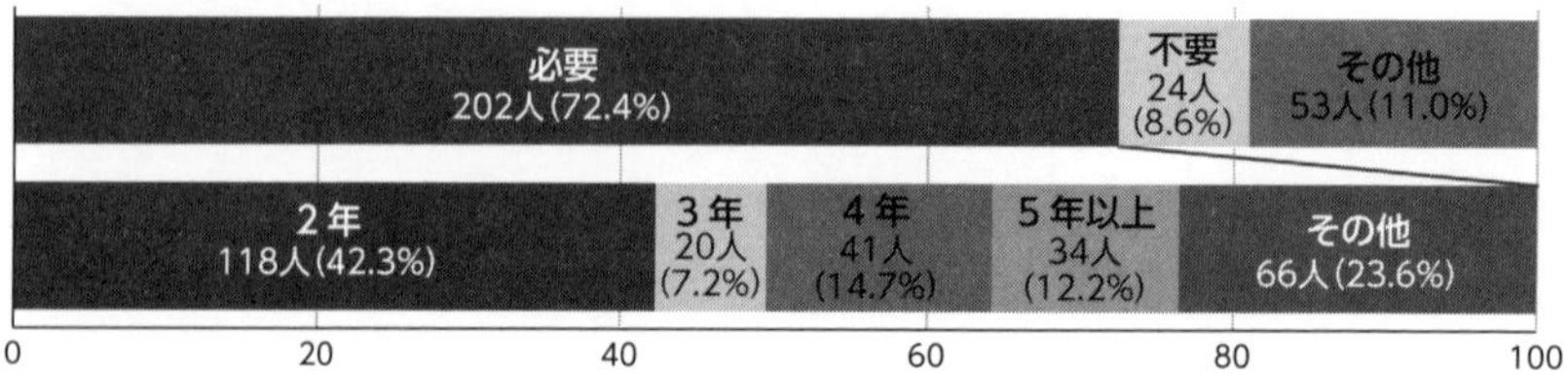

（出典：専攻科滋賀の会の保護者アンケート結果より）

人たちは就職してもさまざまな原因でつまずきやすいことです。そのため離職するケースがとても多く、就職後1年以内にだいたい3人に1人が離職するというデータがあります（図2）。

些細なことが原因で離職するケースも少なくありません。

たとえば、働く意味や目的が理解できていないということがあります。特別支援学校に通う子どもたちは、中学部在学中の頃から先生に「あなたたちは、高等部を卒業したら社会に出て働きます」といわれながら育ってきました。働くというイメージもないなかで、当然のように就職します。しかし実際に働き始めると、すべてがうまくいくことは稀であり、さまざまな問題でつまずくことがあります。

そんなとき、大学生のお兄ちゃんはいつも楽しそうに友だちと「カラオケ行こう」「飲みに行こう」などと楽しく過ごしているのに、「なんで僕は18歳で働かなきゃいけないの。僕だってもっと楽しみたいよ」と

図2●知的障害者の職場定着率の推移

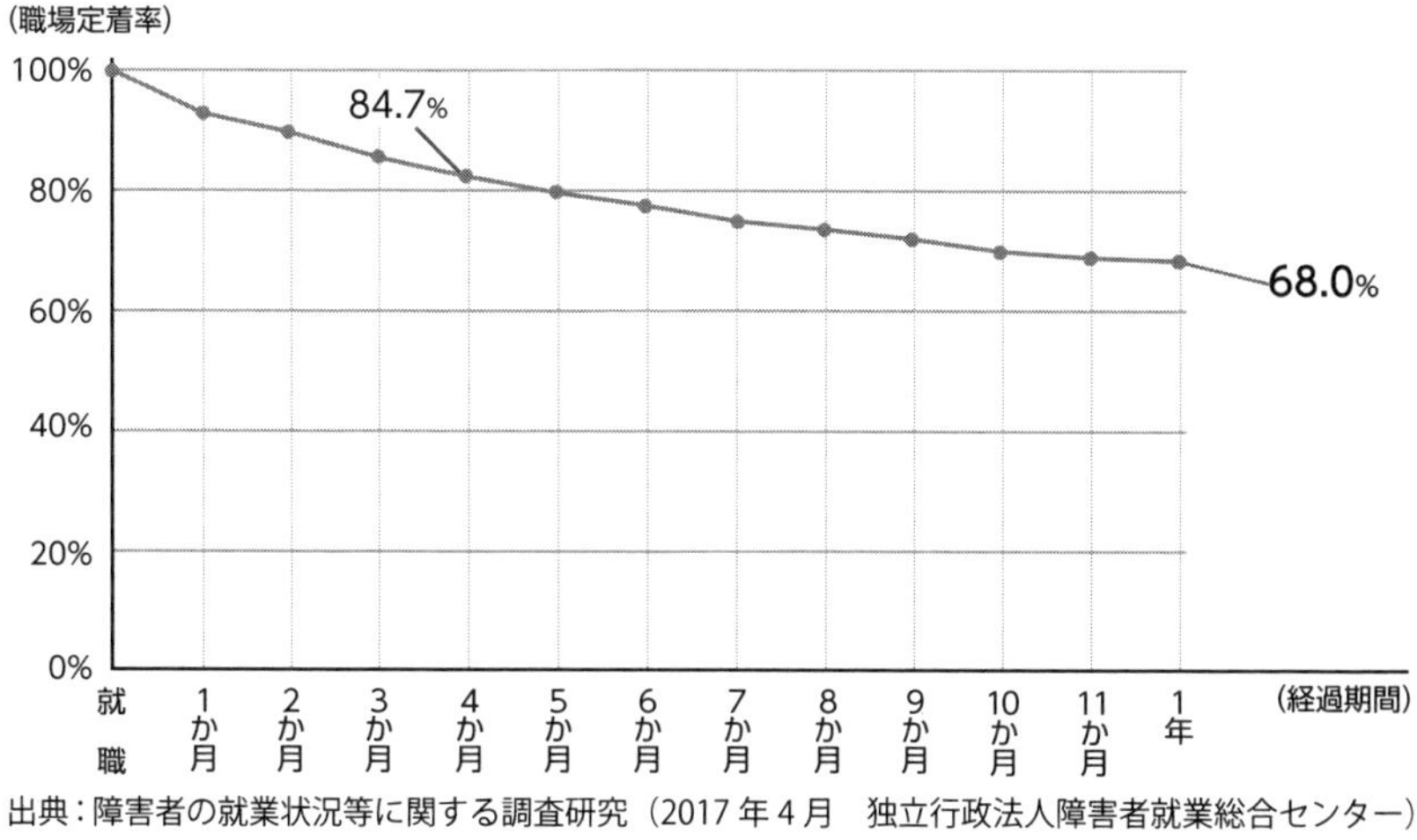

出典：障害者の就業状況等に関する調査研究（2017年4月　独立行政法人障害者就業総合センター）

いう子はたくさんいます。お兄ちゃんお姉ちゃんのいる子は、よくそんなふうにいいます。なぜ働かなければいけないのかわからないまま、働くというレールに乗って進んでいるのです。

もちろん就労そのものを否定するものではありません。問題は就職後に会社で嫌なことがあったり、上司に叱られたり、あるいは仕事がうまくいかない、人間関係がうまくいかないというときに、もともと自分は「働きたい」などとひと言もいっていないのだと、そこにフィードバックされるのです。だったらもう働きたくない、となってしまうのです。

やはり、その人にとっての働く意味や目的をしっかり育てて社会に出していかないと、どうしても心が折れてしまうのだと思います。

また、ウソをついてはいけない、人のものを盗ってはいけないなどの社会のルールやマナー、一般常識や非常識がなかなか理解できないということもあります。

あるいは、怒りや悲しみの感情コントロールができず、嫌なことがあったら怒ってしまったり、その場を立ち去ってしまったり、物や人に当たったりする人もいます。そうしたことが一度でもあると、企業ではアウトです。

そして、つらく苦しいときに逆境を乗り越える精神的なたくましさが育っていないというケースもあります。上司から「〇時までにこれをやっておくんだよ」といわれたけれどもなかなかうまくできないときに、「何やってんだ。いった通りしてないじゃないか」などと、上司は指導のつもりでいったことを、「ああ怒られた。もう明日から会社に行きたくない」と受け止めて、辞めてしまうことがあります。

さらに、わからないことを近くの社員に尋ねることができないこともあります。「こんなふうにやっておくんだよ」といわれてわからないとき、「ちょっと意味がよくわからないから、もう一度教えてください」と聞けなくて「はい、はい」といっているうちに「何やってんだ」と怒られてしまう、ということもあります。

ほかにも、昼休みの場の空気に合った過ごし方ができない、人の会話のなかに入っていけない、という人もいます。

あるいは、人との関わり方、言っていいことと悪いことの区別がわからないということもあります。たとえば「今日の服装は変だね」などと、本人としては思ったことを正直にいったことが、相手にとってはとても不愉快に感じることがあります。健常者の世界では、いろいろと思うことがあったとしても相手に対して失礼なことは、普通はいいません。けれども本人は正直なのです。相手が不愉快になることも率直にいってしまい、人間関係がおかしくなることがあります。

表２●知的障害者が離職に至る原因

働くことの理解不足	働く意欲や目的が理解できていない。
社会性の未成熟	社会のルールやマナーを知らない。
	一般常識・非常識を知らない。
折れない心の未発達	怒りや悲しみの感情コントロールができない。
	つらく苦しいときに逆境を乗り越える精神的なたくましさが育っていない。
コミュニケーション力の未確立	わからないことを近くの社員に尋ねることができない。
	昼休みの場の空気にあった過ごし方ができない。
	人の会話に入っていけない。
	人との関わり方や言っていいことと悪いことの区別がわからない。
	人との距離の取り方がわからない。

職場にとても親切な人がいて、その人には自分のことを何でも受け入れてもらえると思って甘え過ぎ、逆にその人との関係がうまくいかなくなる、ということもあります。

こうしたいろいろなことが離職の原因になっています。ゆたかカレッジは、4年間の学生生活を通じてこのような想定される要因を1つずつなくしていく、人間関係の勉強の場でもあるのです。

3 知的障害者は青年期を体験せずに社会に出る

これらの離職理由の背景には、知的障害がある人たちは青年期を体験せずに社会に出るということがあります。これが3つ目の社会的課題です。発達心理学で青年期は、15歳くらいから24歳くらいまでとされています。ちょうど高校生、大学生の頃です。

その時期のことを、フランスの哲学者ルソーは著書『エミール』のなかで「第二の誕生」と表現しています。ルソーは、人がこの世に生まれたときを「第一の誕生」と呼び、青年期を越えて大人になるとき「子どもは指導者を認めず、指導されることを欲しなくなる。これが私の話した第二の誕生である」(『エミール』)といいます。

その「第一の誕生」から「第二の誕生」への過渡期である青年期とは、実は他人が自分を律する「他律」から、自分で自分を律する「自律」への移行の時期です。

「他律」の時期は、親や先生など大人たちがアドバイスしたり教えたりして律するわけです。

「こういうことしちゃ、社会のなかではよくないんだ」

「罪を犯しちゃいけないんだ」

「ちゃんとあいさつしなくちゃいけないんだよ」

一方、20歳を過ぎて成人したら、自分のことは自分で決め、自分の行動に自分で責任をもたなくてはいけません。だからやはり、自分をしっかりもたなくてはいけない時期だと思います。

また青年期は、アイデンティティすなわち自己同一性確立の時期でもあります。すなわち、「これが私だ」「自分とは何か」「自分は何をしたいのか」「自分は何を求めていくのか」などに悩み、自分探しを始めていく年頃です。

青年期についてはほかにも、ドイツ出身の心理学者エリクソンは、大人になるために必要な猶予期間という意味で「モラトリアム」と、アメリカの心理学者ホールは「疾風怒濤の時代」と、フランスの教育学者ドベスは「情熱の時代」とそれぞれ呼ぶなど、さまざまに表現されています。

健常者は大学生活などで、友達と関わったり触れ合ったり、話したり遊んだり、アルバイトをしたりといろいろなことをするなかで、社会人とは何か、社会で大人として生きていくのはどういうことかなどを学んでいきます。

けれども知的障害がある人たちには、そういう機会がありません。高等部を卒業してそのまま一般就労あるいは福祉的就労という形になるため、どうしてもモラトリアムの時期、悶々として悩んだり考えたりする時間がないのです。

青年期を過ごす上では本来、豊富な体験、さまざまな人との関わり、じっくりと考える時間、いっしょに悩みを分かち合う仲間が不可欠です。ゆたかカレッジは、まさにそういう場でありたいと考えています。そういう場がないと、知的障害がある人たちは大人になり切れず、大人になっても永遠の子どものような判断力や行動になってしまい、社会のなかで生きづらい人たちになってしまうという現状があります。

知的障害者は健常者に比べて発達がゆるやかだからこそ、健常者よりも時間をかけ、ゆっくりとしたペースで成長できる学びの場を保障すべきなのです。

4 日本におけるインクルーシブ（共生）教育の未発達

社会的課題の4つ目は、日本ではインクルーシブ（共生）教育の未発達があるということです。これについては文部科学省も、これからは共生社会に向けて進めていかなければいけないと謳っています。

『共生社会』とは、これまで必ずしも十分に社会参加できるような環境になかった障害者等が、積極的に参加・貢献していくことができる社会である。それは、誰もが相互に人格と個性を尊重し支え合い、人々の多様な在り方を相互に認め合える全員参加型の社会である。このような社会を目指すことは、我が国において最も積極的に取り組むべき重要な課題である」

（文部科学省「中央教育審議会初等中等教育分科会」資料）

インクルーシブとは、障害の有無にかかわらずいっしょに、ということです。

私は日本福祉大学を卒業して、入所施設で7年間現場の指導員として働き、それから法人を立ち上げて、ずっと知的障害者と関わってきました。やはり知的障害がある人たちには、とても魅力があると思います。ゆたかカレッジの学生たちと交流しても、彼らの純粋さと魅力に触れて自分自身を問い返すことがよくあります。けれどもインクルーシブでないことで、そうした魅力が知られていないという現状があります。

もっともっと、障害がある人とそうでない人がともに生活したり活動したりする場が必要だと思います。小学校のときから大学に至るまでクラスのなかに障害児がいて、いっしょに机を並べていっしょに勉強したり、いっしょにスポーツをしたりして触れ合っていけば、周りの人たちの理解が広がり、障害がある人たちの生きづらさが減ってくるのではないか、と思っています。

5 国も障害者の「生涯学習」について取り組み始めた

社会的課題の5つ目として、国も障害者の「生涯学習」について取り組み始めています。2017年4月に「特別支援教育の生涯学習化に向けて」と題した「文部科学大臣メッセージ」が発出されました。そのなかで次のように述べています。

……………………………

「印象的だったのが、特別支援学校での重い知的障害と身体障害のある生徒とその保護者との出会いです。その生徒は高等部3年生で、春に学校を卒業する予定であり、保護者によれば、卒業後の学びや交流の場がなくなるのではないかと大きな不安を持っておいでした。他にも多くの保護者から同様の御意見を頂きました」

「これからは、障害のある方々が、学校卒業後も生涯を通じて教育や文化、スポーツなどの様々な機会に親しむことができるよう、教育施策とスポーツ施策、福祉施策、労働施策等を連動させながら支援していくことが重要です」（文部科学大臣メッセージ「特別支援教育の生涯学習化に向けて」２０１７年４月より）

………

これは、障害がある人たちの学びの場をもっと広げていこうという流れのなかで、文科省もまさにそういう方向に進み始めたことにほかなりません。ゆたかカレッジの存在意義や理念が今後ますます重要になり、社会的に重要な役割を担うことになると考えています。

⑥ 企業の障害者法定雇用率の達成

社会的課題の６つ目は、企業の障害者法定雇用率の達成です。

厚生労働省によると、２０１８年度の障害者法定雇用率達成企業の割合は45・９％という結果です（厚生労働省職業安定局「平成30年障害者雇用状況の集計結果」）。各企業の障害者法定雇用率の達成は、障害者の働く権利を保障する上でも重要な社会的課題です。

雇用されている障害者を障害種別で見ると、身体障害者64・７％、知的障害者22・７％、精神障害者12・６％です（図３・前掲集計結果より）。これまで、障害者法定雇

図3●雇用されている障害者の障害種別割合

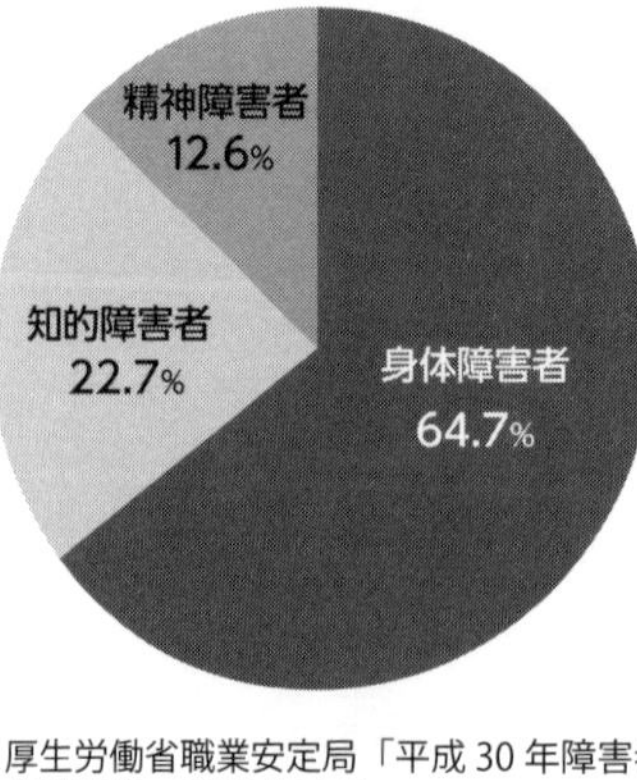

出典：厚生労働省職業安定局「平成30年障害者雇用状況の集計結果」2019年より

用率を積極的に担ってきたのは身体障害者であることがわかります。

一方、身体障害者手帳所持者の年齢階層は、18歳未満1・6％、18歳以上65歳未満24・1％、65歳以上74・0％となっています。すなわち身体障害者は高齢者が圧倒的に多いということです。

しかるに知的障害者の場合は、18歳未満22・2％、18歳以上65歳未満60・3％、65歳以上15・5％となっています。また、精神障害者の場合は、25歳未満9・9％、25歳以上65歳未満52・9％、65歳以上37・2％です（表3）。したがって今後は、知的障害者と精神障害者が積極的に法定雇用率を担う時代になってくるに相違ありません。

そのような時代の到来を見通しながら、職業人としての働く力、社会人としての社会性やコミュニケーション力、職場でつらいことがあっても感情的にならず我慢することのできる感情コントロール力や折れない心＝レジリエンスを身につけることが求められます。

7 就職後の離職は国、地方自治体の経済的損失

社会的課題の7つ目は、就職後の離職は国、地方自治体の経済的損失になるという、国の財政に関わることがあります。

特別支援学校高等部を18歳で卒業し、まだまだ心が育たないなかで就職

表3 障害者手帳所持者の年齢階層別割合

	18歳未満（精神は25歳未満）	18歳以上65歳未満（精神は25歳以上65歳未満）	65歳以上
身体障害者	1.6%	24.1%	74.0%
知的障害者	22.2%	60.3%	15.5%
精神障害者	9.9%	52.9%	37.2%

しても、離職率が高い状況があります。

健常者の場合、高校卒業生の就職後の離職率は、1年目17・4%、2年目11・7%、3年目10・1%で、3年目までの離職率は39・2%です(厚生労働省「新規学卒就職者の在職期間別離職率の推移(平成28年3月卒業生)」)。健常者の1年目の離職率17・4%と知的障害者の同32・0%を比較すると、知的障害者は健常者の1・8倍ですが、より問題なのはその後の状況です。

健常者は、離職したらすぐに再就職先を見つけるために就職活動をスタートします。一方、知的障害者は健常者と異なり、一度離職すると心が折れてしまってなかなか再就職に結びつきません。

知的障害のある人たちは、まじめでがんばり屋が多く、会社や家族など、周囲の人たちの期待に応えたいと、自分のできる限りの力でがんばって働くのですが、なかなかうまくいかず、精も根も尽き果ててしまったとき、「もう限界。明日から会社に行かない」と辞めてしまうのです。

そのとき「やっぱり自分には会社で働くことは無理なのだ」と考え、自信や自己効力感を失ってしまいます。そうして離職した人は、家に引きこもったり、うつ病になったりする人もいます。

その後、一般的に多いのは福祉サービス事業所を利用する人たちです。福祉サービス事業所は、税金からだいたい利用者1人当たり月に16万円くらい投入されています。年間約200万円、福祉サービス事業所には定年はありませんから、20歳から70歳まで50年利用すると約1億円かかることになります。それがいまの離職した人の現状です。

ゆたかカレッジも福祉サービス事業ですから税金が投入されていますが、4年間でしっかりと社会性やコミュニケーション力、折れない心を育てて就職することによって離職が減ってくると、逆に納税者になっていくわけです。

つまり、早く就職させることばかりに力を入れ、挫折して福祉サービス事業所に行くよりも、やはり吸収も早い青年期にしっかりと学んでから社会に送り出したほうが、回り道のようでも結局は、国の財政にもいい影響を与えるのではないかと思うのです。

⑧ 世界から遅れている日本の知的障害者の高等教育

社会的課題の8つ目は、日本の知的障害者の高等教育は世界から遅れているということです。

私たちは2014年から、アメリカ、カナダ、オーストラリア、イギリス、イタリア、スペイン、アイルランド、アイスランド、スウェーデン、デンマーク、フィンランド、中国、韓国の13か国26大学等を視察してきました。* それぞれの大学には、知的障害者が青春を謳歌している姿がありました。

その背景には2006年に国連で採択された障害者権利条約の存在があります。同条約第24条第5項は次のように、知的障害者を含むすべての障害者が一般的な高等教育の享受が保障されるべきこと、そのために国は合理的配慮をしなければならないと述べています。

……「5　締約国は、障害者が、差別なしに、かつ、他の者との平等を基礎として、一般的な高等教育、職

---

*海外視察の詳細については、ゆたかカレッジ・長谷川正人『知的障害の若者に大学教育を―米・欧・豪・韓9か国20大学の海外視察から』（クリエイツかもがわ、2019年）を参照されたい。

業訓練、成人教育及び生涯学習を享受することができることを確保する。このため、締約国は、合理的配慮が障害者に提供されることを確保する」

（「障害者権利条約」第24条）

この障害者権利条約が採択されたことで、先進諸国は知的障害がある人たちが18歳以降も学べる場をつくっています。アメリカではすでに270大学（2018年）に知的障害者の履修コースがあります。とはいえ多くの大学では、大学入学選抜試験もなく、単位取得もなく、学期末試験もありません。また、残念ながら大学の卒業資格は得られません。しかし、4年間しっかり学べる環境があります。

今日、社会構造の変化や国民の大学に期待する役割の変化にともない、日本を含め、国際的に大学の存在意義が問い返されています。

文部科学省中央教育審議会大学分科会の「我が国の高等教育の将来像（審議の概要）」（平成16年9月6日）の「第2章　新時代の高等教育と社会」「第1項　高等教育の役割」は以下のように述べています。

「大学は将来の全人格的な発展の基礎を培うためのものであり、技能や知識の習得のみを目的とするのではないという大学教育の基本的特性を明確にすべきである」

「大学は歴史的には教育と研究を本来的な使命としてきたが、我が国の大学に期待される役割も変化しつつあり、現在においては、大学の社会貢献（地域社会・経済社会・国際社会等、広い意味での社会全体の発展への寄与）が強調されるようになってきている。当然のことながら、教育や研究それ自体が長期的観点からの社会貢献であるが、近年では、公開講座や産学官連携等を通じた、より直接的な貢献が求められるようになっており、こうした社会貢献の役割を、言わば大学の『第三の使命』として捉えていくべき時代となっているものと考えられる」

……………………

このような大学の社会的役割の変化を背景に、諸外国の大学において、知的障害者の受け入れが進み始めているのではないでしょうか。

私たちはこうした海外の実情を視察して、そこから日本を見たときに、やはり日本は遅れていると感じます。私が「知的障害者も大学に行けたほうがいい」というと驚かれることもよくありますが、世界は着実に、知的障害者に高等教育の機会を保障する流れに進んでいると考えています。

第2章

ゆたかカレッジで何を学ぶか

ゆたかカレッジに入学できる年齢は、原則として18歳から64歳までです。自治体が認めると15歳からでも入学は可能です。また、療育手帳などの障害者手帳を取得していない人も、住んでいる自治体が発行する受給者証があれば利用できます。

実際に入学してくるのは、特別支援学校高等部を卒業した人をはじめ、いま増えてきているのが普通高校の卒業生、サポート校や通信制高校の卒業生、フリースクールの卒業生、そして離職して在宅で過ごしている人たちです。

多くの学生の入学動機に「もっと学びたい」ということがあります。

「高校を卒業した後もまだ勉強したいと思った」

「いずれは働くことをめざす上で、まだ人として学ぶことが必要と感じた」

「働くための勉強やさまざまな経験ができると思った」

こうした声がよく聞かれます。

では何を学ぶのか。この章ではゆたかカレッジでの「学び」について紹介します。

海の中道余暇活動（福岡キャンパス）

1 ゆたかカレッジで学ぶ４つの目的

ゆたかカレッジでの学びの目的は４つあります。

まず１つは「子どもから大人へ、学生から社会人へのスムーズな移行」です。要するに大人になるための準備ということです。

２つ目は「仲間たちとともに青春を謳歌し、充実した青年期を体験すること」です。好きなことを極めたり、楽しい経験をたくさんしたりして、青春の日々を豊かに過ごしてほしいということです。

３つ目は「個性や長所を伸ばし、豊かな人生を送る基礎の形成」です。自らの魅力をどんどん伸ばし、ゆたかカレッジを卒業して就職してからも豊かに生きていけるような楽しみを見出してほしいということです。

４つ目は「職業生活、自立生活を送るためのスキルの獲得」です。職業生活のスキルとは働くためのスキルです。自立生活のスキルとは、グループホームなり一人暮らしをするときに、朝ご飯や晩ご飯の調理や片付け、部屋の掃除とか洗濯、あるいは決められた日にきちんとゴミ出しができるなど、１人で生活してくためのスキルを身につけることです。

2 ゆたかカレッジの3つの教育目標

ゆたかカレッジの教育目標は3つあります。

1つは「生きるために必要な力、忍耐・努力することができる社会人の育成」です。社会で生きていく上で、いろいろ大変なことやつらいことがあっても、それを乗り越える力を身につけてほしいということです。

2つ目は「個性や自主性が輝き、伝え合う力や協調性をもつ社会人の育成」です。本人の魅力を大いに引き出すとともに、周りの人ともうまく協調して生きていける力を身につけることです。

3つ目が「逆境力、折れない心（レジリエンス）をもつ社会人の育成」です。いやなことや苦しいことがあると、どうしても心がポキッと折れてしまいそうになりますが、それを乗り越えられる心の強さをもってほしいということです。

レジリエンスを身につけるためには、4つのポイントがあります。

1つは楽観性です。ものごとをあまり深刻に考えずに「何とかなるよ。心配しなくても大丈夫だ」と思えることです。すなわち、ポジティブシンキングを身につけるということです。

2つ目は自己効力感です。経験したことがなくても、自分だったらきっとできると思える気持ちです。

図1●レジリエンスを身につける4つのポイント

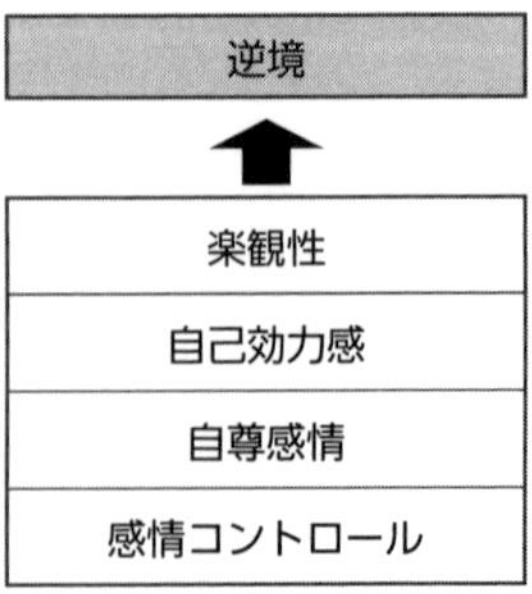

３つ目は自尊感情です。自分は尊い存在でありかけがえのない存在だと、自分を認めることです。

４つ目が感情コントロールです。いやなことがあったりつらいことがあっても、人や物に当たったり、泣きわめいたり、その場を立ち去って行ったりせずに辛抱する、耐えることです。そうして自分の気持ちをコントロールすることによって、人は逆境に立ち向かえる、乗り越えられるといわれています。

3 ゆたかカレッジの教育課程

1 教養課程（自立訓練）

ゆたかカレッジの1、2年生、自立訓練事業は教養課程と位置づけて、基礎学力、資格・検定、一般教養、生活、自主ゼミ、文化・芸術、スポーツ、経済、労働、ヘルスケアの10教科を学びます（59頁図3）。

この課程は、クラスを縦割りで編成しています。縦割りにすることで、特に上級生には下級生をサポートする気持ちが生まれます。ある学生は、2年生になって「先輩として新入生の気配りができるように意識しています」と話しています。

時間割は、まず朝10時にミーティングと健康チェックをした後、健康づくり——ラジオ体操やダンス、ウォーキングなどの軽い運動をして体をほぐしています。その後、1時間の昼食休憩をはさんで午前と午後に各90分の授業を行っています。90分授業は実際の大学に準じたものです。途中で

10分程度の休憩が入りますが、新入生にとっては初めての経験で、当初は途中で寝てしまう学生も少なくありません。しかし次第に慣れていきます。

午後の授業が終わると自主学習です。学生はそれぞれパソコンや読書、自由勉強などをしています。そして掃除をして帰りのミーティングを行い、だいたい3時45分から4時くらいにカレッジを出るという流れです。

土曜日は余暇活動です。月曜日のホームルームで計画を話し合います。何がしたいか、どこへ行きたいか、集合場所や昼食の場所、予算などを話し合って実施します。内容は実にさまざまです。ゲームセンターや科学館などに出かけることもあれば、ホテルのランチバイキングに行くこともあります。こうした経験を重ねることで、就職して給料を稼いでも、自宅と職場の往復だけではなくて、休みの日には友達といっしょに遊び行くなど豊かな生活ができるように学んでいきます。

② 専門課程（就労移行支援）

3、4年生の就労移行支援事業を、ゆたかカレッジでは専門課程と位置づけています。教科もSST（ソーシャルスキルトレーニング）、店舗実務、介護実務、厨房実務、清掃実務、パソコン実務、物流実務、対人実務など、約6割が職業訓練になります（64頁図4）。

この課程は、クラスを学年別に編成しています。時間割は、朝のミーティングと健康チェック、午後の授業の後の掃除と帰りのミーティングは1、2年生と同じですが、健康づくりや自主学習はなくなり、1時間の昼食休憩をはさんで午前と午後に行っている授業は各120分になります。これは、卒業後の就職を意識して、ひとつの仕事を2時間継続して行える持続力、集中力、体力を身につけるためです。

3 研究課程（生活介護）

また障害支援区分3以上の人は、生活介護の受給者証を取得することによって、卒業後も研究生として、福岡キャンパスや長崎キャンパスで学び続けることもできます。その場合、たとえばあと3年間トレーニングをして社会に出る、あるいは5年間をメドにする、などの目標を自ら決めてカレッジで学び続けます。

4 ゆたかカレッジの自立支援フロー

ゆたかカレッジの自立に向けた支援の流れをフローチャートにすると、図2のようになります。

1 基礎的な人格形成

1年生から2年生までは、就職活動に至るための人格形成に力点を置いています。

① 社会人として生きる力の習得

まず、社会人として必要とされる生きる力をしっかりと身につけていきます。

たとえば「ホームルーム」では、人の意見を聞く、自分の主張を上手に伝える、他者との意見の違いを認めあい、乗り越え、合意形成をする力を身につけます。友達と話し合うときには自分の主張ばかりせず、お互いに歩み寄ったり譲り合ったりすることを学ぶのです。

「基礎学力」の授業では、日常生活に必要な言葉、文字、数量に関する力を育てます。

「資格・検定」の授業では、漢字能力検定、パソコンスピード検定、日本語ワープロ検定、情報処理能力検定などさまざまな資格を取得することで就職を有利に運ぶとともに、資格検定の合格により自信を身につけます。「資格が

図2●自立に向けた流れ

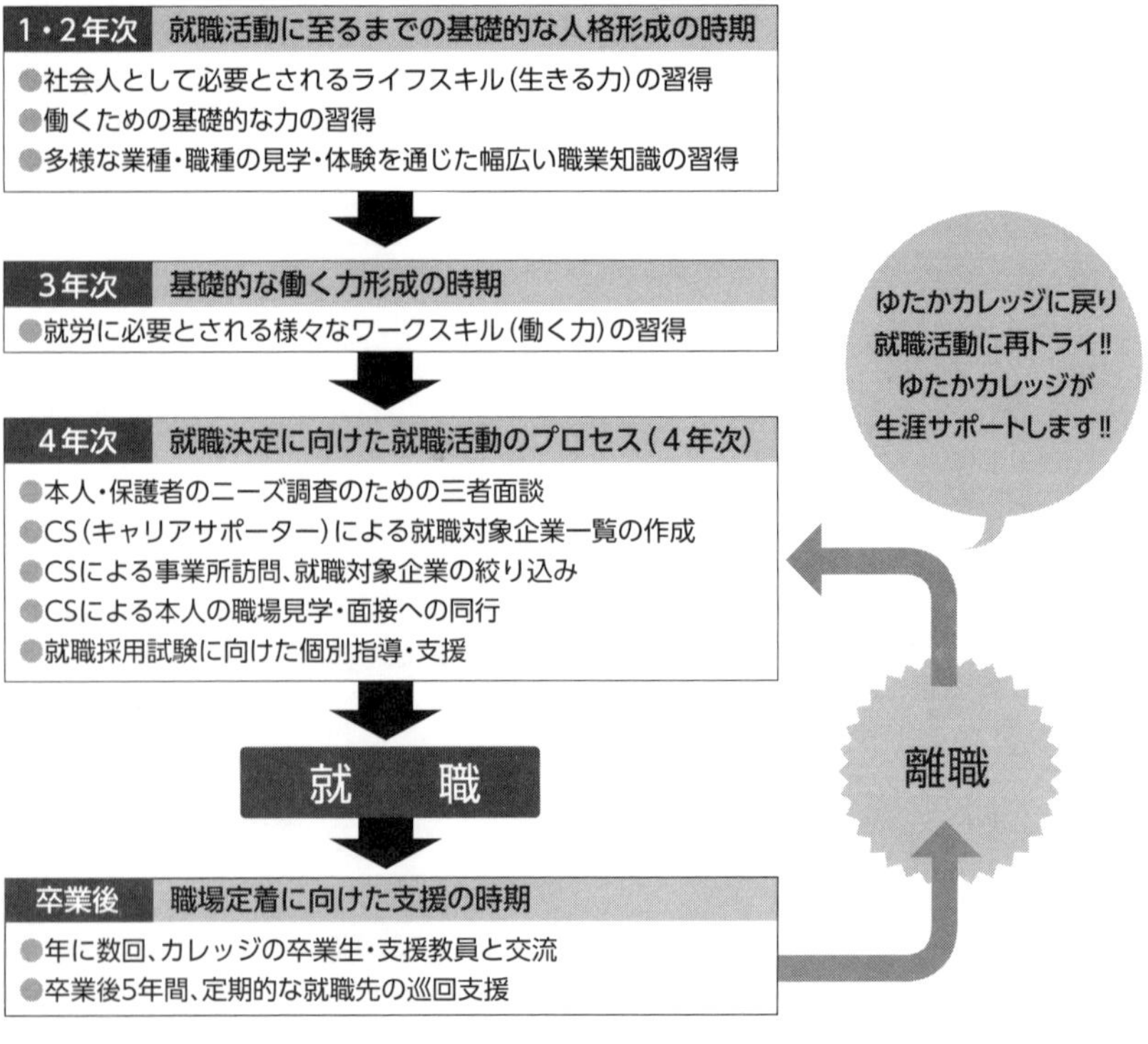
1・2年次　就職活動に至るまでの基礎的な人格形成の時期
●社会人として必要とされるライフスキル（生きる力）の習得
●働くための基礎的な力の習得
●多様な業種・職種の見学・体験を通じた幅広い職業知識の習得
3年次　基礎的な働く力形成の時期
●就労に必要とされる様々なワークスキル（働く力）の習得
4年次　就職決定に向けた就職活動のプロセス（4年次）
●本人・保護者のニーズ調査のための三者面談
●CS（キャリアサポーター）による就職対象企業一覧の作成
●CSによる事業所訪問、就職対象企業の絞り込み
●CSによる本人の職場見学・面接への同行
●就職採用試験に向けた個別指導・支援
就　職
卒業後　職場定着に向けた支援の時期
●年に数回、カレッジの卒業生・支援教員と交流
●卒業後5年間、定期的な就職先の巡回支援
離職
ゆたかカレッジに戻り
就職活動に再トライ!!
ゆたかカレッジが
生涯サポートします!!

取れるから」と入学した学生も少なくなくありません。学生同士でも、すでに合格した学生が挑戦中の学生にアドバイスしている姿も見られます。

また不合格時には、ストレス耐性、折れない心を身につけます。漢字検定や英語検定やパソコンスピード検定など、それぞれ3か月～半年先の試験を目標に、ドリルなども自主学習の時間に取り組んでいます。

「一般教養」の授業では、社会の常識やルール、マナー、決まり、生活習慣などについての理解を深めます。一般常識や非常識、ルールなどがわからないということが離職原因の1つにありましたが、そういうことがないように社会のルールを学びます。

「生活」の授業では、暮らしに必要なスキルを身につけます。周囲の人に違和感や不快感を感じさせない身だしなみや立ち居振る舞い、清潔感、清楚感を身につけます。これらは将来、グループホームあるいは一人暮らしをしていく上で必要な生活力になっていきます。

実際に一人暮らしを始めたある卒業生は、一般教養で学んだことを生かしてお金をため、不動産屋で物件を見つけて契約を結ぶところまで、わからないことは聞きながらも1人で行いました。生活の授業で

図3●教養課程の時間割

自立訓練（1・2年次）縦割り編成90分授業

<table>
<tr><th>時間・曜日</th><th>月曜日</th><th>火曜日</th><th>水曜日</th><th>木曜日</th><th>金曜日</th><th>土曜日</th></tr>
<tr><td>10:00～10:15</td><td colspan="6">朝のミーティング・健康チェック</td></tr>
<tr><td>10:15～10:35</td><td colspan="5">健康づくり（ラジオ体操・ダンス・ウォーキングなど）</td><td rowspan="6">余暇活動</td></tr>
<tr><td>10:45～12:15</td><td>ホームルーム
基礎学力</td><td>資格・検定</td><td>一般教養</td><td>生活</td><td>自主ゼミ</td></tr>
<tr><td>12:15～13:15</td><td colspan="5">昼食・休暇</td></tr>
<tr><td>13:15～14:45</td><td>文化・芸術</td><td>スポーツ</td><td>経済</td><td>労働</td><td>ヘルスケア</td></tr>
<tr><td>14:50～15:15</td><td colspan="5">自主学習（パソコン・読書・自由勉強など）</td></tr>
<tr><td>15:20～15:45</td><td colspan="5">清掃・帰りのミーティング</td></tr>
</table>

洗濯や掃除の仕方を学び、グループホームでも実践していたことが役に立ち、1人でもあまり困らないと話しています。

「自主ゼミ」の授業では、学生たちがそれぞれ興味のあるテーマを決め、1年間を通じて調べ学習をして論文を作成しています。一般の大学生の卒業論文のようなものではなく、だいたい5～10ページ程度のものですが、全部自分で章立てをした論文形式でつくります。そしてそれをもとに、パソコンを使って資料をつくり、各自が5分間のプレゼンテーションを行う研究論文発表会を行っています。そのなかで自信と持続性、探究することの楽しさを身につけていきます。

論文のテーマは、たとえば「クレヨンしんちゃんはなぜ長く続いているのか」「殺処分～私達だって生きている～」「夏目漱石の小説のおもしろさについて」「伊達政宗がなぜ有名になったのか」「香辛料について」など実に多様でユニークです。

この研究論文発表会は多くの学生にとって目標になっています。それぞれのキャンパスで予選を行い、九州と関東でそれぞれ本選を行っていますが、予選を突破して本選に出場できたことが自信につながった学生や、優秀賞、最優秀賞をめざしてモ

表1●研究論文発表会入選テーマ（2018年度）

●産業革命と八幡製鉄所について
●日常で活用できる数学
●トランプについて
●オセロについて
●クレヨンしんちゃんはなぜ長く続いているのか
●合理的配慮について
●漁業へのチャレンジ
●動物飼育員の仕事
●日本の食玩の歴史
●My favoriteカレンダー
●DTPデザイナーになるために
●いじめ問題について
●汐風公園のジオラマ
●様々な色について
●日本の外来種について
●カレッジながさきの看板作り
●福祉の職業に就くためには
●掃除機について
●野菜を育てて食べよう、配ろう

チベーションを高めている学生もいます。また、研究論文発表会があるからと入学を決めた学生もいました。

「文化・芸術」では、創造的な活動を楽しみ、個性や能力を伸ばします。たとえば、絵画、書道、合唱、楽器演奏などさまざまな文化的芸術的活動を行います。また仲間とともに協力して作品をつくり上げる楽しさを体験します。なかには、とても個性的な絵を描く学生もいます。演劇やコンサートなどで生の舞台を鑑賞したり、美術館などに行って素晴らしい芸術に触れたりすることもあります。

「スポーツ」の授業では、健康な体づくりと体力づくりを行い、青年らしいしなやかな身体をつくります。授業の一環として登山や市民マラソン大会などにも参加しています。

「経済」の授業では、お金の管理方法や使い方、お金の価値、社会の経済活動について学びます。ＡＴＭの使い方、予算立て、そして小遣いの計画的な使い方についても学びます。

「労働」の授業では、働くことの意義や仕事に対する理解を深めるとともに、さまざまな職種についての理解を深めます。

「ヘルスケア」の授業では健康管理や疾病予防などについての理解を深め、日々の生活のなかで、自覚的に体調管理ができるようにします。たとえば、好きなものばかり食べていないで栄養バランスを考えないといけないとか、夏には水分をしっかり補給しなければいけないこと、などを学びます。

②働くための基礎的な力の習得

２つ目に、働くための基礎的な力の習得に力を注いでいます。

まず、働く目的を理解することです。これにはグループディスカッションなどを活用します。働くことにはどんな意味があるのかについて話し合ったり、いろいろな人に話を聞いたりしながら働く目的を理解し、働く意欲を培います。

また、さまざまな仕事や職種についての理解を広げます。自分の特技、長所、趣味、興味があること、ライフワークは何かなどについての自分探しに取り組み、そこから将来の職業生活を考えます。それが就職してから、離職することなく働き続ける動機になるからです。

また、在学中にさまざまな資格取得にも挑戦します。

そして、周りの人を信頼し、困ったときに相談できるコミュニケーション力を身につけます。また素直な心、忍耐強い心を育て、自信や自己肯定感、自尊感情、自己効力感、折れない心（レジリエンス）、逆境力を身につけます。さらに社会のルール、常識・非常識を身につけます。

こうしたことを学ぶことによって、働く上でもしっかりがんばっていける、継続していける力をつけていきます。

③幅広い職業知識の習得

3つ目が、多様な業種や職種の見学体験を通じた幅広い職業知識の習得

表2●学生の取得資格

漢字能力検定	2級／準2級／3級／4級／5級／6級／7級／8級／9級／10級
英語検定	準2級／3級／4級
パソコンスピード検定	2級／3級／4級／5級
文書デザイン検定	3級／4級
日本語ワープロ検定	3級
情報処理能力検定	2級／準2級／級3
自動車運転免許	普通免許

です。できるだけ多くの職種や職場を見学したり体験したりするようにしています。

1年次は、年に3か所程度の職場見学を行います。2年次には見学3か所に職場体験を4か所程度加え、計7か所ほどの職場を訪ねます。3年次になると職場見学4か所、職場体験6か所と計10か所ほどに行きます。こうして3年間で20か所くらいの職場を実際に見たり体験したりすることによって、本人の選択肢を広げていきます。

知的障害がある人たちは抽象的な思考が苦手な人が多いため、実際に自分の目で見たり体験したりした経験がないと、どうしてもイメージがわきにくく食わず嫌い的になりがちです。そのため、実習でパン工房に行けば本人にとって選択肢はパン工房しかなく、「私、パン屋さんに就職する」となってしまうのです。

2 基礎的な働く力の形成

3年次には、就労に必要とされるさまざまな技術を習得していきます。

「SST（ソーシャルスキルトレーニング）」の授業では、職業人としての基礎を身につけます。職場で孤立しないために、健常者の世界のコミュニケーション力や会話力（雑談力、適応力、言葉づかい、相談力など）

表3●職場見学、職場体験の年次計画

	1年生	2年生	3年生
4月			職場見学⑦
5月		職場見学④	職場体験❺
6月			職場見学⑧
7月		職場体験❶	職場体験❻
8月	職場見学①	職場見学⑤	
9月			職場体験❼
10月		職場体験❷	職場見学⑨
11月	職場見学②		職場体験❽
12月		職場体験❸	
1月		職場見学⑥	職場体験❾
2月	職場見学③		職場見学⑩
3月		職場体験❹	職場体験❿

注）丸数字は累積回数を示す

を身につけていきます。

「店舗実務」の授業では、接客や陳列や商品管理など店舗で働く基礎を身につけていきます。

「介護実務」の授業では、高齢者介護のベッドメイキング、食事介助、車椅子での移動介助などを学びます。

「厨房実務」の授業では、調理、食器洗浄など飲食店の厨房内で働くための基礎を身につけていきます。

「清掃実務」の授業では、ビルメンテナンスの会社などで働くための清掃業務の基礎を身につけていきます。

「パソコン実務」の授業では、ワードやエクセルなど事務所などにおけるパソコン業務の基礎を身につけていきます。

「物流実務」の授業では、工場や倉庫などでのピッキング、梱包、検品、計量作業など物流業務の基礎を身につけていきます。

「対人実務」の授業では、会社の飲み会や職場の休憩時間などで困らない会話力を身につけていきます。

図4●専門課程の時間割

就労移行（3・4年次）
学年別編成120分授業

時間・曜日	月曜日	火曜日	水曜日	木曜日	金曜日	土曜日
10:00〜10:15	朝のミーティング・健康チェック					
10:45〜12:15	ホームルーム 資格・検定	SST	店舗実務	介護実務 厨房実務	清掃実務 パソコン実務	余暇活動
12:15〜13:15	昼食・休憩					
13:15〜15:15	スポーツ	生活 一般教養	自主ゼミ	物流実務	対人実務	
15:20〜15:45	清掃・帰りのミーティング					

3 就職決定に向けた就職活動

① キャリアサポーターとその役割

ゆたかカレッジには、就労移行支援において独自に配置しているスタッフとしてキャリアサポーターがいます。

4年次になると4月に、まずそれまでの3年間でのさまざまな経験や20か所以上の職場見学や職場体験を振り返りながら、学生本人と保護者、キャリアサポーターが面談して希望する職種について話し合い、就職活動の対象となる職種を決めます。

ゆたかカレッジではこのとき、本人の興味のあること、長所、特技などと関連のあることから職種を選択するようにしています。とはいえ、なかには「お医者さんになりたい」「学校の先生になりたい」など、本人にとってかなりハードルが高いと思えるような希望もあります。そのようなときキャリアサポーターは、その学生はなぜその仕事に就きたいのかについて話し合いながら、職種の選択肢を広げていきます。

たとえば、ゆたかカレッジの学生たちのなかには鉄道ファン、いわゆる〝鉄ちゃん〟がたくさんいます。鉄ちゃんの場

表4●就職活動のスケジュール

4月	本人・保護者・CSの三者で就職職種選定のための進路面談
	CSが本人の通勤圏内での就職活動対象企業一覧を作成
5月	CSが就職活動対象企業に問い合せ（障害者雇用の予定や見込みの確認）
	本人・保護者・CSの三者で就職活動対象企業「3社～5社」の決定
6月	就職活動優先順位1位の企業にて本人とCSの職場見学・面談
7月	2～3週間程度の企業での職場実習を行い、最終日に面談。内定獲得
8月	就職活動優先順位2位の企業にて本人とCSの職場見学・面談
9月	2～3週間程度の企業での職場実習を行い、最終日に面談。内定獲得
10月	就職活動優先順位3位の企業にて本人とCSの職場見学・面談
11月	2～3週間程度の企業での職場実習を行い、最終日に面談。内定獲得
12月	内定を得た企業の中から就職先を決定。他は内定辞退。

注）CS：キャリアサポーター

合は、次のようなやりとりになることがよくあります。

「あなたは将来どんな仕事に就きたいですか？」

「電車の運転手さんになりたいです」

ここでキャリアサポーターは選択肢を広げて提案します。

「電車の運転手さんはすてきな仕事ですね。電車が大好きなのですね。ならばたとえば、駅の構内の清掃をしている会社で働くとか、駅の構内にテナントで入っているお店や飲食店で働くのはどうですか？」

「仕事の休み時間になったらいつでも電車を見に行けるんだ。それなら僕は駅で働きたいです」

こうして就活の方向性が決まっていきます。

このように、学生自身の好みや興味、特技や長所に関係のあることから職種を選択することによって、就職してからつまずいたり、つらいことがあったりしても、何とかこの会社で働き続けるために目の前の課題を乗り越えようと努力します。職場で困難にぶち当たって辞めてしまったら、大好きな電車を見られなくなるからです。

逆に、その学生の好みや興味と無関係な仕事を、安易に「あなたはこの仕事ならできるからこの会社に就職しなさい」とあてがう形で職種を選択したら、職場でつらいことがあると、さっさと辞めてしまいます。それを乗り越える動機がないからです。

仕事は楽しいことばかりではありません。長い間働き続けるなかでは、うまくいかずつらいことや大変なこともたくさんあります。職場で定着していくためには、本人の好きなことと仕事とのマッチングが何よりも大切なのです。

職種が決まると、キャリアサポーターは、学生の居住地の通勤圏内にある希望職種の会社を一覧表にします。その会社に1つずつ打診し、障害者雇用に前向きかどうか、今後障害者の採用の予定があるのかどうかをリサーチして、企業を絞り込んでいきます。

ゆたかカレッジでは、原則として、障害者法定雇用率にカウントされる就職をめざしています。その理由は、そのような会社は大企業や優良企業が多く、福利厚生や合理的配慮が行き届いているケースが多いからです。

そうしてキャリアサポーターは、障害者雇用の見込みがある企業のリストを作成し、本人保護者と就職活動の優先順位を決めていきます。

そして、優先順位の一番目の会社から、キャリアサポーターと学生が職場見学を行います。その際、職場の人事担当者と学生との最初の面談が行われます。キャリアサポーターは、ゆたかカレッジの活動紹介や学生の成長の様子、特性などについて説明します。そこで学生が好印象をもたれると、2～3週間の職場実習を依頼することになります。

②入学時によく見られる2つのタイプとその後の変化

ゆたかカレッジに入学したばかりの学生たちに意見を求めると、自己主張ばかりして他人の意見をまったく聞こうとしないタイプと、逆に自分の意見は周囲に一切いわず、「意見はない」「勝手に決めればいい」とまったく自己主張しないタイプが少なくありません。これらの2つのタイプは行動としては真逆ですが、どちらのタイプも思いは同じで、自尊感情を守りたいということです。

自己主張ばかりする人は、それまで周囲の人の意見を無視したり却下したりして自分の意見を押し通すことで、自尊感情を満足させてきた人たちです。一方、自分の意見をまったくいわない人は、これまでの人生で、意見をいったことでいつも周囲から却下されたり排除されたりして傷ついてきたので、自尊感情を守るために何もいわないほうがいいと思うようになったのだと思います。

しかし、これらの行動パターンの背景には、周囲の人との合意形成の仕方を学んでいないということがあります。

ゆたかカレッジでは、毎日のミーティングや授業などで、常に話し合いの機会をもちます。それを積み重ねるなかで、相手の意見をていねいに聞くことを学びます。さらに話し合いのテーマについて、自分と他者との意見の共通部分と相違部分を整理して、相違部分はどこなのかなどを考えるなかで、お互いに思いやったり譲り合ったりすることを身につけていきます。

このように日々成長していくなかで、入学後半年程度するとクラスの友だち同士が仲よくなり、居心地のよいクラスになっていきます。

ゆたかカレッジの1、2年生は縦割りクラスです。1クラスはおおむね10人、半数の5人が1年生、残りの5人が2年生という編成です。

2年生になると、クラスに後輩が入ってきます。新入生は2年生を「○○先輩」と呼び、慕ってきます。2年生は先輩らしく、面倒見がよくやさしい先輩になろうと努めます。1年生は、そんなすてきな先輩を見て、自分も先輩のように後輩や周囲の人に思いやりのある人になりたいと思うようになります。1年生と2年生が相乗効果で成長していくのが、縦割りクラスのよいところです。各キャンパスには学生自治会があり、毎年、会長、副会長、書記、会計の役員選挙があります。3年生になると多くの学生が自治会役員に立候補します。こうして、それまでクラスのことだけを考えていた人たちが、キャンパス全体のことを考えるようになり、さらに視野が広がっていきます。

学生たちは、このような3年間を過ごして4年生になり就職活動に突入するので、入学した頃とは比較にならないほど、穏やかで明るく誠実な、とても魅力的な青年に成長しているのです。

③ 求められる人材へ

企業が求める人材像のベスト15は表5のとおりです。ゆたかカレッジの4年生たちは、悲喜こもごもの学生生活を通じて、まさに企業が求める人材像に当てはまる人へと成長していきます。

そのような魅力的な青年ですから、就職活動で職場見学に行ってもとても好感をもたれます。企業は、障害者法定雇用率を達成するために、簡潔にいうと、素直で指示が通り、感情の起伏がなく、持続力と体力のある障害者を常に求めています。ゆたかカレッジの学生は企業にとって、まさにほしい人物像とぴったりなのです。

会社で2~3週間の職場実習を終えると、キャリアサポーターと学生は、会社の人事担当者と振り返りの話し合いに臨みます。実習を終えた学生たちの多くは、「君、ゆたかカレッジを卒業したらうちの会社で働きませんか」といわれ、内定をもらいます。

このようにして、就職活動の1回目が終わります。さらに就職活動リストの優先順位2番目の会社で同様に職場見学、職場実習を行います。4年生は、少ない人で3か所、多い人は5か所以上の会社で実習を行います。

こうして数か所から内定を得て、年末に会社の雰囲気、仕事の内容、通勤の負担、職場の上司や同僚の人たちの人柄などを総合的に判断し、希望する会社を絞り込みます。その会社に入社希望の意思を伝え、それ以外の会社には内定辞退を伝えます。まさに、一般の大学生の就職活動と同様の流れで就職先が決まっていくのです。

4 就職後の定着支援

就職後も5年間、定着支援を行っています。

表5●企業が求める人材像

順位	人物像	%
1	意欲的である	49.0
2	コミュニケーション能力が高い	38.6
3	素直である	32.2
4	まじめ、または誠実な人柄である	20.3
5	明るい性格である	19.1
6	専門的なスキルを持っている	15.6
7	行動力がある	13.5
8	前向きな考え方ができる	10.6
9	創造性がある	10.3
10	主体性がある	10.2
11	忍耐力がある	9.7
12	精神的にたくましい	8.9
13	問題意識が高い	8.6
14	情熱を持っている	7.0
15	リーダーシップがとれる	6.6

出展：帝国データバンク「人材確保に関する企業の意識調査」2017 年

まずは、カレッジの卒業生が年に数回集まって交流を深める同窓会活動があります。カレッジの卒業生たちは、青年期に苦楽を分かち合った、まさに同じ釜の飯を食べた仲間同士なので、とても仲良しです。

同窓会活動は、卒業生同士で余暇活動や懇親会などを企画して実施します。そこで、仕事上のストレスを発散したり、職場外での交友関係や居場所の確保を図ったりします。また、お互いに「がんばってるか」「つらいこともあるけど、がんばろう」などと励まし合ったり、職員も参加して卒業生が本当に楽しく働いているかどうかを把握したりしています。

キャリアサポーターは、卒業生の巡回支援を行っています。就職して半年間は月に1回程度、7か月目からは2か月に1回、就職2年目からは3か月に1回、3年目からは半年に1回と、5年間かけて徐々にフェードアウトしていきますが、定期的に就職先を巡回して見守り、支援をしています。

巡回では、卒業生の職場の上司や人事担当者と、本人の勤務の状況、本人に関して会社で困っていることはないかなどについて意見交換をします。また、卒業生本人に対しても、仕事は楽しく順調か、悩みや行き詰まっていることはないかなどをリサーチし、必要に応じて支援やアドバイスなどを行います。

このように頻繁に巡回支援を行っているため、会社のなかで問題が生じても、それが大きくなって収拾がつかなくなる前に対応し解決することができるのです。

もし、途中で離職してしまった場合は、また4年次に戻って就職活動をサポートしていきます。

実は自立訓練事業も就労移行支援事業も、受給者証発行自治体が必要と認めた場合は、再度の利用も可能なのです。厚生労働省の資料も次のように述べています。

「自立訓練及び就労移行支援の利用については、生涯一度だけの利用を原則とするものではなく、例えば、障害者が自立訓練の利用を経て地域生活に移行した後、生活環境や障害の状況の変化等により、再度、自立訓練の利用を希望し、その利用が必要と認められる場合においては、再度の支給決定が可能な仕組みとしている」

（2011〈平成23〉年2月開催の障害保健福祉関係主管課長会議資料より）

こうしてゆたかカレッジは、卒業生を一生涯サポートしていくわけです。

5 大学との連携

1 連携の5つの目的

ゆたかカレッジの特長の1つに、近隣の大学との連携・交流があります。その目的は次の5つです。

第1は、ゆたかカレッジの学生たちが、同世代の大学生と出会い、水平な関係でふれあうなかで、大学生らと好きな音楽や歌手、ゲームやアニメなど共通の趣味や話題で盛りあがったり直接交流したりすることで、日々の生活をより豊かに、より楽しく過ごしてほしい、ということです。

第2は、授業などで知的障害者と直接ふれあうことにより、知的障害者の学ぶ姿勢、まじめさ、真摯さに触発されて、大学生が自己を振り返り、成長につながることです。こうした大学生の姿は、知的障害者を受け入れている大学の多くの事例データが教えています。

第3は、大学生がキャンパス内で知的障害者と直接ふれあいを深めることにより、卒業後の就職先などで、会社のなかにおおむね45人に1人いるとされる障害者を差別したり排除したりする側ではなく、理解し支える側に回ってほしい、ということです。それは、障害者が職場で自らの居場所をつくり、働きやすくなることにつながると思います。

第4は、海外視察先で大学教授らからしばしば指摘があったことで、知的障害者が聴講生として大学の授業を受けることにより、大学で教える教授など授業者の授業スキルがアップするということです。知的障害者には、一般の大学生に比べて授業をまじめに受ける学生が多く、わからないことがあると積極的に質問もします。そのため授業者は、もっとわかりやすく伝えなければと考えるようになり、鍛えられるといいます。

第5は、大学関係者に大学生とゆたかカレッジの学生たちとの交流が大学にとっても大きな意味があることを知ってもらうことです。ゆたかカレッジは近い将来、大学のキャンパス内の教室を借りて、インクルーシブな環境で知的障害者に学びの場を提供したいと考えています。そのために、大学や

表6●これまでに交流した大学

キャンパス名	高田馬場	横浜	川崎	福岡	北九州	長崎
大学名	東京大学	相模女子大学	國學院大學	福岡教育大学	北九州市立大学	長崎国際大学
	早稲田大学			西南学院大学		長崎ウェスレヤン大学
	目白大学			福岡女学院大学		
	桜美林大学					
	東京家政大学					

大学生にとっての知的障害者を大学に受け入れるメリットを実感してもらいたいのです。

2 実際の交流の様子から

これまでに交流した大学は表4のとおりです。交流方法はさまざまです。

たとえば、2019年1月に行われた北九州キャンパスと北九州市立大学の学生との交流は、「農業体験と調理会食」でした。大学の実習農園で野菜を収穫し、その野菜を使って猪鍋をつくり、ワイワイと楽しい会食のひとときを過ごしました。

同年7月に行われた川崎キャンパスと國學院大學との交流では、ゆたかカレッジの学生が國學院大學の「特別支援教育論」の授業に聴講生として出席し、一般学生とともに「あおぞら宣言」(神奈川県知的障害者権利宣言)や「ピープルファースト本人決議」のビデオ動画などを活用して、障害者の権利について学びました。

國學院大生とともに講義を受けるゆたかカレッジの学生たち(右側全列および中央前3列。同大学講義室で。川崎キャンパス)

また、福岡キャンパスの学生と西南学院大学の学生は、年間を通じて継続的に交流しています。同大学のボランティアサークルの学生たちとは、2018年9月に「百道浜海水浴場清掃ボランティア&交流会」を、翌2019年9月にはキャンパスツアーと交流会を、さらに同年11月にはお茶会などの交流会を、それぞれ開催してきました。

こうした交流を通して、大学生やゆたかカレッジの学生から、次のような感想が聞かれました。

●大学生

「はじめは戸惑いましたが活動を通して交流を深め、お互いに仲よくなることができました」

「性格の悪い子なんて一人もいなくて、ほんとうにみんないい人たちでした。こちらの心が浄化されるようでした」

「何かを学ぼうとする姿勢は自分自身も見習いたいと思いました。気づいたら自分自身が楽しんでいて、あっという間の2時間でした」

「本人たちに合った教育をするために学校が違うのは仕方がないことですが、社会がもっと知的障害のある人たちとの壁をなくしてくれると、みんなの心の壁もなくなるんじゃないかと思うことができました」

「障害の有無にかかわらず、同じ学生としてコミュニケーションをとったり、同じ空間で楽しく過ごしたりできる。そのなかで、私たちが自然とサポートできるようになればいいなと思いました」

「本当に個性があって一人ひとり魅力があるのに、社会に出ると障害者という一括りにするから嫌だなと思った。もっとお互い関わるきっかけがあれば偏見とかも無くなりよくなるのではないかと思った」

西南学院大生とボランティア活動（福岡キャンパス）

●ゆたかカレッジ学生

「フリートークでは、自己紹介で話したことを聞かれた。聞かれてよかった、うれしかった」

「自分が自己紹介で話した、自分の好きなことについて質問されてうれしかった。なので、自分も相手に質問したくなった」

6 キャンパスごとの特徴

＊新設の埼玉キャンパス、沼津キャンパスを除く

1 早稲田キャンパス

２０１４年、関東で最初にできたゆたかカレッジです。学生数の増加とともにキャンパスも拡大しました。２０１７年からは普通科の教養課程（1、2年生）を高田馬場キャンパスに移し、早稲田キャンパスには普通科の専門課程（3、4年生）、生活技能科の教養課程・専門課程に、18～24歳の学生が通っています。

現在は普通科と生活技能科がそれぞれ2棟のビルに分散して日々の活動を行っています。ＪＲ山手線・西武新宿線・地下鉄東西線高田馬場駅、地下鉄副都心線西早稲田駅、都電荒川線面影橋駅からそれぞれ徒歩圏内で、各路線を使った課外活動も積極的に行っています。

学生はそれぞれ個性的で、活動を通して切磋琢磨し成長していま

研究論文発表会（早稲田キャンパス）

す。イベントでは卒業生が応援に駆けつけます。

② 高田馬場キャンパス

2017年に、早稲田キャンパスから普通科教養課程（1、2年生）を分離して開設したキャンパスです。JR山手線・西武新宿線・地下鉄東西線高田馬場駅、地下鉄副都心線西早稲田駅、都電荒川線面影橋駅からそれぞれ徒歩10分以内です。18～20歳の学生が3つのビルに分かれ計4クラスで学んでいます。

2019年度からは、高田馬場キャンパス独自の取り組みとしてサークル活動を始めました。スポーツ、美術、調理、音楽の4つの分野から1つを選択して活動しています。それぞれ部長を中心に学生主体で取り組んでいます。

学生たちは明るく、何事にも前向きに取り組むチャレンジ精神旺盛な若者たちです。授業は真剣に受け、行事は精一杯楽しむなど、活動にメリハリをつけられる学生が多いのが特徴です。

余暇活動（高田馬場キャンパス）

③ 江戸川キャンパス

2019年開設の新しいキャンパスです。JR総武線小岩駅、京成本線京成小岩駅からそれぞれ徒

調理実習（江戸川キャンパス）

歩10分以内と、アクセスも良好です。

開設1年目の2019年度からさまざまな取り組みを行っています。ゆたかカレッジのなかで唯一、通信制高校と連携して高校卒業資格が取得できる高卒支援コースを設けています。そのこともあり、中学校を卒業して入学した15歳を含む、21歳までの学生が在籍しています。

また、江戸川キャンパスから東京ディズニーランドまではバスで30分。そこで問題解決型学習（PBL）を導入し、毎月1～2回はディズニーランドで実地学習を行うなど、地の利も生かした活動を行っています。ディズニーランドでの取り

高校支援コース

ゆたかカレッジと代々木高校（通信制）が連携し、「高校卒業資格」取得チャレンジをサポートするコースです。入学するすべての学生が3年間で確実に取得できるように、何重にもセーフティネットを設けています。「忙しくて卒業まで続くかな……」「勉強が苦手だからついていけるかな……」と思っても大丈夫です。代々木高校を卒業すると、もちろん学歴は「高校卒業」となり、その後の進学や資格取得などの選択の幅が広がります。

通信制高校を卒業するための要件は、①3年以上の在籍、②74単位の修得です。学習の柱は、①レポートの提出、②スクーリング、③単位認定試験です。学費は年間約27万円です。

組みは、遊べない、お土産を買えないなど制約があるなかで、キャストの仕事を研究したり、エリアごとのさまざまな違いや工夫などを発見したりして、課題解決に向けて仲間とともに取り組んでいます。

江戸川キャンパスには、個性豊かな学生がたくさんいます。いつもニコニコと周囲を楽しい気持ちにする学生、動物の絵が得意な学生、目立ちたがり屋の学生、自分の目標に向かってコツコツ努力している学生、すでに芸術家の域に達した絵画作品を発表している学生など、多くの楽しい仲間に囲まれています。

④ 横浜キャンパス

保護者らによる誘致活動を受けて２０１９年に開設した新しいキャンパスです。ＪＲ戸塚駅、ブルーライン（地下鉄）戸塚駅から歩いて15分ほどのところに、18～22歳の学生が通っています。

横浜キャンパスでは、相模女子大学と連携し、同大学のキャンパスで同大学生に交じって講義やゼミを受講するなど、積極的に交流しています。同大学の学生ボランティアも受け入れています。また、近くで水田を借りて稲作の体験学習をしたり、医師、情報教育、美術教師など外部専門家講師による授業を行ったりしています。

学生たちは、気持ちが優しい人、他人のことを思いやることができる人、何でも積極的に発言する人、いつも笑顔で活動を楽しむ人など、そ

音楽演奏体験（横浜キャンパス）

れぞれ個性豊かです。

5 川崎キャンパス

２０１９年開設の新しいキャンパスです。18～21歳の学生が在籍しています。最寄りの東急田園都市線高津駅から徒歩5分、ＪＲ南武線武蔵溝ノ口駅からでも徒歩6分と、通いやすい環境です。

川崎キャンパスには専用の中庭があります。学生たちが野菜を栽培しています。

川崎キャンパスでは、どんなことも「自分たちで決める」という「自主性」を大切にしています。キャンパスでのルールも自分たちで決め、意識して取り組んでいます。そして「決めたら、実行！」です。自分たちで決めたことには責任をもち、失敗を恐れずに自主的に動き、取り組みます。まさにレジリエンスです。

学生たちはサークル活動もしています。互いの特性を理解し、思いやりがあります。また、ほかのキャンパスに比べて女子学生が多いのも特徴で、全体の男女比7対3に比べて5対5と拮抗しています。

なお、２０２０年4月より学生数倍増のため、ＪＲ南武線武蔵中原駅から徒歩4分の場所に移転しました。

一般教養での地域マップづくり（川崎キャンパス）

⑥ 福岡キャンパス

２０１２年、ゆたかカレッジの始まりとともに開設した、最も歴史のあるキャンパスです。18～25歳の学生が在籍しています。

８台の公用車を所有し、最寄り駅などへの送迎をしています。もちろん公用車は日常的な活動でも活用しています。

５階建ての建物はとても広く、普通科、生活技能科の教室だけでなく調理室、パソコン室や体を動かすこともできるホールなど、５つのフロアには目的別に活動できるスペースがあります。食堂もあって毎日手づくりの食事を提供しています。

福岡キャンパスでは体験を通じた活動、自己決定を大切にしています。学生自治会では、したいことがたくさん発議され、スポーツ大会や納涼会など職員との協議を踏まえて実現されています。

なお、建物老朽化と交通の便の改善のため、２０２０年５月よりＪＲ鹿児島本線吉塚駅より徒歩12分の場所に移転します。

⑦ 北九州キャンパス

ゆたかカレッジで３番目に、早稲田キャンパスと同じ２０１４年に開設しました。18～30歳の学生が通っています。商業ビルの８階

学生自治会の話し合い（北九州キャンパス）

登山の途中でひと休み（福岡キャンパス）

で学びのグループごとに3教室に分割して活用しています。

JR小倉駅から10分ほどの徒歩圏内で、公共交通機関の便利な立地です。コンビニ・銀行などの生活資源やスポーツセンターのほか、近くには美術館や小倉城などの文化施設もあり、社会資源に恵まれています。

これらの地の利を生かし、電車・モノレールを利用した交通機関の練習など体験的でアクティブな学びを行っています。またグループ活動、個別学習、話し合い活動など学生一人ひとりに応じた豊かな学びを提供しています。さらに特別授業「ようこそ先輩」・「先輩保護者を囲んで」など、卒業生との定期的な交流を大切にしています。

学生たちは一人ひとりが目標をもつ個性豊かな集団です。毎日の学生日誌を活用し、目標確認と振り返り、コミュニケーション能力を高めることを大切にしています。ほかにも、農業体験での稲作実習、ミニ学習発表会、親子レクリエーションなどアクティブな毎日を過ごしています。

⑧ 長崎キャンパス

2013年にゆたかカレッジで2番目に開設したキャンパスです。18～25歳の学生が学んでいます。JR大村線大村駅より徒歩18分、近くに長崎空港もあります。

キャンパスはとても落ち着いた温かみのある茶系統の3階建てです。1階には静養室や食堂、相談室、支援室

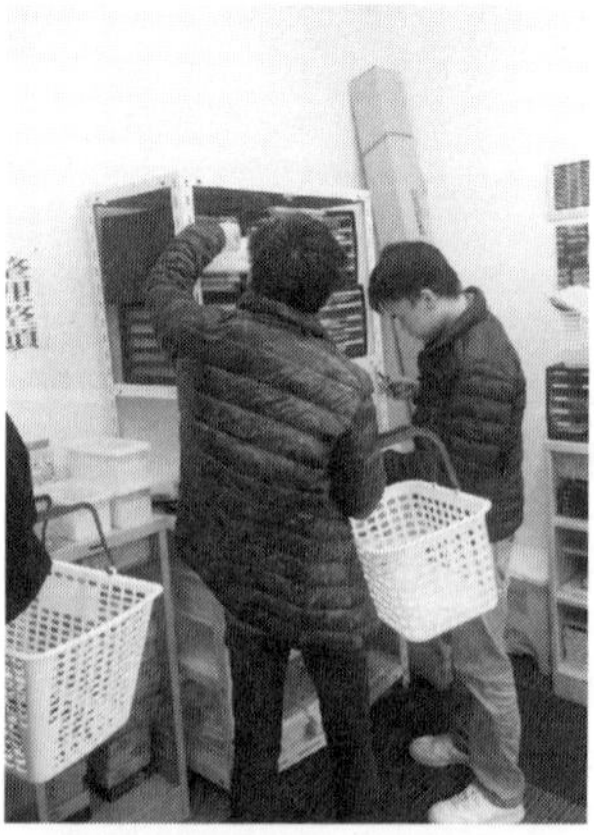
物流実務でピッキング作業（長崎キャンパス）

があり、2階に教養課程の教室、専門課程の教室、研究課程の教室、調理室、パソコン室があります。3階はフラットなフロアと就労実務訓練室です。

隣接して学生寮（グループホーム）があります。そのため学生は長崎のほか東京、広島、北九州、福岡、沖縄など県外各地の出身者がいます。県内でも佐世保や島原、離島の上五島の学生が学生寮を利用しています。

長崎キャンパスでは「一人はみんなのために、みんなは一つの目的のために」をテーマに、自分自身を大切にし、努力を重ね、仲間で協力し合えること、そして大いに笑うことをモットーにしています。

7　支援教員が見たキャンパスの学生たち

日々向き合っている支援教員たちが見たそれぞれのキャンパスでの学生たちの姿を、テーマ別に紹介します。

1　授業などを通じた学び

①仲間とともに学び合うことで身につくスキル

佐藤さんは「資格検定」の授業で、漢字検定4級（中学1～2年レベル）の合格に向けて取り組んでいます。なかでも熟語の構成について特にがんばっていました。

熟語の構成には、同じ意味の漢字を重ねたもの、反対の意味の字を重ねたもの、上の字が下の字を修飾しているもの、下の字が上の字の目的語や補語になっているもの、上の字が下の字の意味を打ち消しているものなど、多くのパターンがあります。漢字の読み書きにとどまらず熟語全般についての広い知識が要求され、それがなければ検定試験には歯が立ちません。

佐藤さんは、過去の問題に意欲的に取り組みました。資格試験は1人で勉強することが多く、行き詰まったりあきらめてしまったりする可能性をはらんでいます。そこで佐藤さんが自らに課した目標は、漢字1文字に関連する熟語を、できるだけたくさん頭の中に思い浮かべられる状態になることでした。

佐藤さんのクラスには、漢字検定2級、準2級、3級に合格した学生がいます。佐藤さんは彼らに「漢字検定の熟語の構成をマスターするにはどうしたいいか」を尋ねました。「熟語を構成する一つひとつの漢字の意味を理解して、熟語を具体的にたくさん思い浮かべるようにすれば解けるよ」と合格者らしいアドバイスがありました。「私が教えてあげようか」という学生もいました。

そんな対応に、佐藤さんはとても喜んでいました。休憩中にも、どうすればさまざまな角度で漢字の知識が思い浮かべられるか、頻繁に意見が交わされるようになりました。

「学ぶ」ことは教員から教わることだけではありません。むしろ学生同士で学び合うほうがより成長につながることも少なくありません。彼らが互いに学び合う仲間として、漢字検定をきっかけに果敢に意見を交わせる関係が築ければ、円滑なコミュニケーションを築き、自尊心が育つことにもつながります。

（高田馬場キャンパス）

②合唱を通じて学んだ豊かな感情表現

学生たちが合唱を発表する機会がありました。練習は3か月前にスタートしました。

学生たちは、素敵な合唱を披露するために話し合い、目標を立てました。目標は、①自分たち自身が楽しみながら歌おう、②曲の内容をイメージして歌おう、③曲のなかに強弱をつけよう、に決まりました。特に「楽しんで歌う」ことを大切にすることになりました。舞台で歌っている学生たちが楽しんでいなければ、観客に「思い」や「気持ち」は伝わりません。

楽曲は「ふるさとの四季」が選ばれました。「春の小川」「ふるさと」「紅葉」「村祭り」「雪」のメドレーです。練習では、春夏秋冬の色のイメージや雰囲気、気持ちを込めて歌うことを大切にしました。たとえば「村祭り」は楽しく、「雪」はワクワクしながら楽しく、「紅葉」は赤青黄色などの色を思いうかべて、それぞれ歌います。

地域のまつりで合唱を披露

大成功の合唱披露を終えた学生たちからは、「歌で春夏秋冬を表現するのは喜怒哀楽に通じますね」「ただ歌うだけよりも感情をこめて強弱をつけたのがよかった」などの声があがりました。

相手に自分の思いを伝えるときは、気持ちや感情を込めた方がより伝わるということが少しずつ理解でき、成長できたのではないかと感じました。

（高田馬場キャンパス）

③周りの学生との関わりのなかで身につけた力

「先生！　見てください。できましたよ！」

鈴木さんは、はきはきとした声で達成感を表現します。でも、ゆたかカレッジに入学当初は、特定の支援教員としか話をせず、授業では下を向き、苦手な授業のある日は休みがちな学生でした。話をするときはたくさんの言葉が出ますが、身体全体が未発達で、左右などの概念理解にもつまずきがあり、「わからない・できない」ことへのチャレンジをとても恐れている様子でした。

最初は、特定の支援教員との関わりを通じて1つずつ学習を積み上げ、称賛される喜びを感じることで居場所をつくっていきました。達成できたときは、お気に入りの支援教員との2ショット写真をゲットします。こうしてたくさんの支援教員と写真を撮り、たくさんの支援教員から声をかけられたり称賛を受けたりしました。

授業のなかでは、1つのことができるまでに時間がかかったり、できなかったりすることがありました。また一度できたことも、しばらくすると忘れたりできなくなったりしていました。それでも、少しずつひたむきに挑戦する姿が多くなり、できたときだけでなく、失敗を笑顔で受け止められることも増えました。

このような、挑戦や失敗を乗り越えられる気持ちは、支援教員の支援だけではなく、周りの学生との関わりのなかで内的に生まれた気持ちによるものかもしれません。失敗しても楽しくチャレンジしている学生たちが、ここにはたくさんいるからです。

一つひとつ着実にスキルを高めていくことは大事ですが、これからも、仲間といっしょにたくさんの活動にチャレンジできるようなゆたかカレッジでもありたいと思います。

（福岡キャンパス）

④小さなハードルを着実に乗り越えていく力の尊さ

学生とキャンパス生活をともに過ごすと、さまざまな課題に気づきます。

「買い物をしてお金が減るという感覚がないのだな……」

「三語文になると文章が滅茶苦茶になってしまう」

そして物の増減を理解できるようになってほしい、文章を書く課題を取り組もう、などと授業内容を考えます。

高橋さんは授業で緊張して恥ずかしがる学生の1人でした。でも本当の彼は、健康づくりで誰よりも笑顔で元気いっぱいに踊り、外出時はすぐにばててしまう友だちに気づいて寄り添う、明るくやさしい学生です。だから授業でもきっと彼らしさを発揮すると信じていました。

彼は最初、電卓をわたせば下を向いて固まり、作文は書き始められずにプリントとにらめっこをしていました。だから彼と関わるときは、意識していつも以上に肯定的な言葉をかけました。

「今日も字が綺麗だね」

「一人でバッチリできるね」

「最後まで集中してできたね」

と、プリントに花丸を書きながら目を見てくり返し称賛しました。そのうちにどんどん彼の表情が柔らかくなり、リラックスして授業を受けられるようになっていきました。さらには、全体指示を出しただけで自分から進んで問題を解いていったり、長い文章も自信をもって書き進めたりできるようになっていきました。

ある日の就労の授業で、ハロウィンパーティーでわたすお菓子の封入をしました。翌日の基礎学力の授業では、「ハロウィンパーティーで楽しみなこと」をテーマにしました。

みんなが「ビンゴが楽しみ」「お菓子を食べたいです」などと書くなか、彼は「お菓子をみんなに食べてもらいたいです」と書いていました。聞くと、「昨日作ったやつ、食べてほしいなって」といいます。前日の作業で自分がつくったものが人の手にわたることを想像し、その気持ちを表すことができた、という彼の気持ち、表現力に感動しました。

授業のなかで学力と自信を培う

さらにその文章を見ると、誤字・脱字のミスもまったくありませんでした。彼はダウン症のため、発声の不明瞭さから書字のミスはどうしてもいくつかは出ていたのです。また、その日は周囲が騒がしくて書き始められず、最初の文は支援教員といっしょに考えたものを書き写していました。そこから気持ちを立て直して、一文字ずつ間違えることなく書いたのでした。

支援教員は特別支援に携わってきて学力の大切さを痛感し、さまざまな能力や技能を身につけてほしいと思っています。学生もそれに応え、学力面での伸びを感じる機会が非常に多くあります。しかし就労をめざす彼らにとって、学力が今後の仕事に直結しないこともわかっています。

だから彼のように、いろいろな人と関わって、緊張して、自分の力を発揮することができなくて、それでもそれを乗り越えていく……。そんな小さなハードルを着実に乗り越えていくことは学力以上に尊いと感じます。

青年期に、授業や同年代の学生や理解ある支援教員と関わるなかで、苦い失敗も成功の喜びも味わってほしいと思います。

（早稲田キャンパス）

⑤詩の作品展応募を自ら志願し念願を達成

入学以来いつも明るく元気にさまざまなことに関心をもってがんばる田中さんが、カレッジ内の掲示板で障害のある人が綴った詩を募集するポスターを見て、「これを出したいです」といってきました。すでにノートにいくつか詩を書いていました。

授業などでは取り上げなかったため、詩を応募するのは田中さんだけでしたが、少しずつ詩を書きためていました。応募できるのは1人5編まで。感性が豊かな田中さんは二十数編を書きました。どれを出すか「自分では決められない、どうしよう」と悩み、支援教員や学生たちにお気に入りを選んでもらいながら、最終的に自分で5編を厳選しました。

支援教員といっしょに住所の書き方や郵便切手の料金を確認して、ていねいに清書を仕上げました。期限近くでしたが「ポストに入れてきました！」と報告があり、ほっとしたと同時に、田中さんの念願達成をとてもうれしく思いました。さらに提出後、保護者から田中さんが以前からずっと詩を出したいと思っていたと聞き、驚くと同時に田中さんの熱心な気持ちに感心しました。

「自分の思いを言葉にできること、やってみたいと思えることを最後まで自分の力でできたこと、その過程がすばらしいことだね」と田中さんに話しました。残念ながら今回は入選できませんでしたが、来年こそはと詩作に励んでいます。

やってみたいことがたくさんでがんばり過ぎてしまうところもありますが、いっしょに試行錯誤しながら、これからも「できた！」という達成感を味わってほしいと思います。

（福岡キャンパス）

⑥「もうダメ」を連呼しながら頂上へ

山田さんは年度途中の入学です。ほかの施設を利用していたものの3日で行けなくなり、在宅になっていたそうです。彼女はゆたかカレッジに実習に来た日、緊張して学生のなかに入れず、初日から泣いてしまいました。でも、実習が終る頃には「考えてみます」と元気に話していました。

山田さんが入学を決めて通学を始めたのは8月中旬でした。当初は、授業（特に活動）が始まる前から「できない」「無理です」とすぐにあきらめ、座り込んでしまうことがよくありました。余暇活動で何をしたいかを話し合っていても、自分の意見が通らないとムスッとして「知らない」ということがたびたびでした。

それでも日ごとに馴染み、みんなの輪に入れるようになって笑顔も少しずつ増えていきました。それとともに、心のなかに「やらなきゃ!!」という思いをもっていることも口にするようになりました。

仲間とともに登頂の達成感を味わう

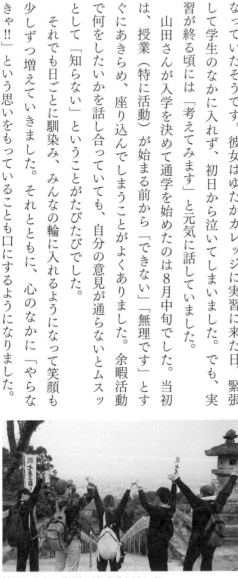

そんななか、ゆたかカレッジの行事で登山がありました。スポーツの時間の登山練習では最後まで歩き切れず、山田さんはあきらめて座り込んでいました。この日もみんなから少しずつ遅れはじめ、支援教員と2人になりました。

「ゆっくりでもいいよ、自分のペースを守ろうね」

支援教員に励まされ、石段を一歩また一歩と登って行きます。これまでの、すぐにあきらめてしまっていた山田さんとは、ひと味もふた味も違いました。

「お母さんにいい報告をしたい」

「早くみんなのところに行きたい」

と自分に言い聞かせます。後からスタートした早いグループには一瞬で追い抜かれました。何度座って「もうダメ!!」「もう無理!!」を連呼したことか……。

みんなから遅れること40分、とうとう頂上にたどり着きました。達成感、満足感が山田さんの笑顔にあふれていました。これが次に活かされていくのだ、と実感した瞬間でした。

（福岡キャンパス）

2 仲間との関わりを通じた学び

①周りのことを考えながら自分の行動をコントロール

伊藤さんは、性格が明るく元気でよく話もします。勉強もがんばり、授業中はよく手を挙げ発表もします。障害特性としては協調性が乏しく、時には頑固になり、動かなくなることもあります。

また、好きなことになると熱中しやすく、周囲が見えなくなることがあります。

プールの時間、泳ぎが好きな伊藤さんは休憩時間に案の定、プールから上がれなくなりました。みんなはプールサイドで休憩をしているのに1人だけ上がろうとしません。職員が上がるよう促しても頑なでした。メインの授業者は伊藤さんがみんなと同じように休憩を取らないと、授業を再開する気配はありません。そこでサブの支援教員が声をかけました。

「伊藤さん、プールから上がろう。伊藤さんが上がらないとみんなまた泳げないよ」

その瞬間、伊藤さんの表情がハッとなり、すぐにプールから上がることができました。これまではどんなに声をかけても自分の欲求を切り離せず、その場で固まることがあった伊藤さんが、周りのことを考えて行動できました。

ほかにも、伊藤さんは外出の際、楽しくて気持ちが高まり、つい支援教員よりも先を歩く傾向があります。先日、消防署の見学を終えて気持ちが高まっているなか、「また支援教員よりも前を歩くのかな？」と頭によぎった瞬間、支援教員の後ろにピタっとつき、そのままカレッジに到着するまで歩いて帰ることができました。

この仕事で、こうした人の成長を間近で見られることに心温まるものや感動を覚え、やりがいを感じています。彼が今後もいろいろなことを経験し、学び、挑戦していく姿を見届けていきたいと思っています。

（高田馬場キャンパス）

②4年間で身につけた集中力やコミュニケーション力

4年生の渡辺さんは入学当初、気持ちが安定せずに教室を飛び出したり、ドアを叩いたり、走り回ったりすることがよくありました。新しい人間関係や環境の変化、慣れないスケジュールなどさまざまなことが原因だったと思います。

最上級生になったいまはとても落ち着き、慣れない場所に行っても動揺することが減りました。就労実務でも活動時間内はとても集中し、体力もあるため最後までていねいに取り組めています。手先も器用で、細かい作業も誰よりも正確です。

言葉も、入学当初は「トイレ」など1語だけでしたが、現在は「トイレに行っていいですか？」など具体的に表現し、少ない語彙ながら自分の気持ちを最後まで相手に伝えようとする意思が感じられます。新しい学生が入学すると新入生とも言葉でコミュニケーションを取ることも増え、時にはいじったり冗談をいったりして楽しく過ごしています。

カレッジの行事にも慣れ、キャンプでは意欲的に野外炊飯に取り組むなど毎年大きな成長が感じられます。

（長崎キャンパス）

③コミュニケーションの苦手を克服

山本さんは入学当初から、コミュニケーションを取るのが苦手といっていました。支援教員が面と向かって話していても顔を見ることができず、ただ「はい」と返事をするばかりで、本当に理解できたのかどうかもわかりません。しかし、自分が話すとなるとマシンガントークで一方的に話し、相手に相槌を打つ隙も与えません。

山本さんはほかの学生との会話で相手に「もう少しゆっくり話して」「私にも話させて」といわれ、

初めは少し落ち込むような様子も見せましたが、徐々にそれを理解してきました。会話中に「次、○○さん話していいよ」と、自分が聞き手にまわるための言葉も出てきました。冗談を真に受けて1日悩むこともありましたが、いまでは「それ冗談ですよね？」と笑いながら返し、山本さん自身も冗談をいえるまでになりました。

学習面でも、「生活の時間にSNSの授業をしてください」「経済の時間に電子マネーの授業をしてください」など、自分の意見をしっかりと伝えることができます。また、意見交換のために「話し合いをしましょう」というリクエストも多く、とてもコミュニケーションが苦手だった学生の発言とは思えません。

山本さんには、ゆたかカレッジでがんばりたいという決意があります。学生同士で日々切磋琢磨し、支援教員みんなで支えていくというゆたかカレッジのスタイルが、山本さんを苦手克服へと導いたのだと思います。教室に貼られた新入生の写真を見るたびに、彼ら彼女らの可能性の大きさを実感します。

（長崎キャンパス）

④小さなきっかけからどんどんと変化

「おっはようございます〜」

リズミカルで穏やかなあいさつとともに、彼がやって来ます。彼のあいさつには音符がついているようで、何だか心地よく1日が始められます。

彼がゆたかカレッジに入学した当初、「もっと自由に過ごしていたいのに」といわんばかりの彼は、みんなに背を向けるように少し斜めに座っていました。ゆたかカレッジの仲間たちは彼に自然に声をかけます。数日して「○○君、こっちですよ」と声をかけられると、ゆっくり動き出したのです。そしてスッと席をすすめられ、そのまま話し合いの場に参加しました。

それをきっかけに、彼はどんどんと変わっていきました。隣の人にハサミを借りると「どうもありがとう」といい、意見を求められれば「そうだね」と発言。気がつけば、斜めに座っていた彼はまっすぐに座り、顔を上げて毎日を過ごすようになっていました。

仲間とともに学び成長できるゆたかカレッジだからこその成長を感じました。最近の彼は、日直の日は「僕は日直だからね」と張り切って1日を過ごします。

「気をつけ。礼！」

張りのある声で全体を導いています。

（北九州キャンパス）

⑤言葉づかいや敬語の訓練を通じて成長

ゆたかカレッジで毎日元気に過ごしているその生活技能科の学生は、自分から発言することは少なく、会話で敬語を使う場面もほとんど見られませんでした。そこで「自分からあいさつをする」「正しい言葉づかいを身につける」という目標を立て、支援教員とともに取り組み始めました。

毎朝登校すると、まず支援教員とあいさつをします。支援教員から声をかけ、それにあいさつを返すルーチンを毎日くり返しました。するとしばらくして、支援教員があいさつをする前に自分からあいさつをするようになりました。さらに、まず職員室に立ち寄り、あいさつをして教室に向かうようになりました。

言葉づかいの訓練は、普段の活動や授業のやりとりのなかで行いました。敬語が必要な場面で正しく使えていない場合に声をかけ、支援教員が敬語でいい直して発声練習をするという訓練をくり返しました。時には乱暴な発言もありましたが、その都度声をかけると間違った言葉づかいだと理解し、相手に謝る姿も見られるようになりました。これらによって、相手や場所に応じた正しい言葉づかいが、以前に比べて上手になりました。

本人の投げ出さない姿勢、提案した課題に毎日くり返し取り組み、周囲の人たちの声かけにも素直に応じる姿勢が、この学生の長所だと感じます。本人の前向きな姿勢を尊重し、支援教員も助力していきます。（福岡キャンパス）

仲間とトランプゲームを楽しむ学生たち

⑥自分の世界に没頭していた学生が友だちと遊びを企画

小林さんは1年かけて殻を破り、これまで苦手にしていたことに挑戦したり、自信のなさから自分の世界に没頭していた時間もほかの学生と過ごしたりすることが増えてきました。いまでは休日に友だちと遊びを企画するほどになりました。ゆたかカレッジで過ごし身に着けた力は、小林さんにとってとても意義のあるものだと思います。

ゆたかカレッジは卒業後も定着支援や同窓会などで学生たちとのつながりが続いていきますが、

卒業していく学生たちにはゆたかカレッジだけで完結してほしくないと思います。仕事だけでなくゆたかカレッジで身につけた力で、ぜひ住まいの地域資源と関わり、たくさんの経験をして今後の自分自身の人生を謳歌できるようになってほしいと思います。

（早稲田キャンパス）

⑦好きな歴史の話をきっかけに少しずつ心を開き

この頃やっと加藤さんの心が見えてきたような気がします。出会った頃は気分の落ち込みが大きく、どちらかというと1人教室でクールダウンしている印象が強い学生でした。担当になってからも、まじめだけれどなかなか心を開いて話さない日々が続きました。

それでも毎日、何かしら声をかけるなかで、次第に自分の好きな歴史のことなど、たくさん話をするようになりました。驚くほど膨大な知識があり、それをちょっとした冗談を交えながら話します。そこを突っ込むと、とてもうれしそうで、話が止まらなくなることもしばしば。その話の感じで、だんだんとその日の調子もわかるようになりました。

まだまだ、気分のコントロールが難しいときもありますが、特定の支援教員や友人だけではなく、キャンパスでいろいろな人に話しかけて人間関係の輪が広がってきています。ゆたかカレッジに来るまでにさまざまな経験があり、心を開くことに時間を要する加藤さんですが、この明るい表情で社会に飛び出していってほしいと願っています。

（長崎キャンパス）

[3] 就職活動を通じた学び

①働く意欲が自らの課題をも乗り越える力に

「カンパニュラの花言葉は感謝・誠実な愛・共感で、ギリシャ神話から来てるんです」

佐々木さんは目を輝かせて話し始めました。

「カンパニュラは風鈴草ともいいます。南ヨーロッパ原産のキキョウ科の植物でラテン語の『小さな鐘』を意味しています。ギリシャ神話に登場するカンパニュールという名の美しい精霊は、オリンポスの果樹園にある黄金のリンゴを守ることが仕事でした。しかしある日、1人の兵士が黄金のりんごを盗もうと果樹園に侵入します。カンパニュールは鈴を鳴らして助けを求めますが、兵士に命を奪われてしまいました。花の女神フローラは、彼女の死を悼み哀れんで、鐘の形をした花に変えたそうです。これが花言葉の由来なんです」

佐々木さんは週に1、2回の通学ペースでした。睡眠障害があって服薬しています。夜眠れないと明け方から入眠し、日中が睡眠時間だったようです。登校したときは、いつもトゲがあるような受け答えで、被害妄想やマイナス思考の傾向もありました。

ある日、入学以前の話を聞きました。療育手帳はあるものの、小中高と普通学校で健常学生と過ごし、専門学校も卒業しています。小さい頃から理解力や動作のことでいじめを受けていたそうです。それでも、悔しさをバネにしてがんばってきました。専門学校では歯科助手とデザイン検定の資格を取得しています。それまでのつらさのためか、キャンパスで笑顔はほとんど見られませんでした。

4年生のときの進路調査では「花が大好きで、前から働きたかった会社があります」と話しました。

花の話になると普段とはまったく違う生き生きとした表情になります。実習の前日はわくわくして眠れなかったそうです。様子を見学に行くと、初めて見る満面の笑顔で植物の剪定をしていました。以前は行事や授業を選んでの通学でしたが、採用条件に「週5日働ける」ことがあり、就職を意識してからは週5日の通学をめざしてがんばりました。休む日も週1日程度になっていきました。

「クリスマスローズの花言葉は『いたわり』『私を忘れないで』なんです」

佐々木さんが紹介した冬の花です。これまで傷ついたことが癒され、カレッジ卒業を意識して、みんなへのメッセージを込めたのだと思いました。

（早稲田キャンパス）

②就職活動を通じて生活習慣にも変化が

4年生になると、5月から企業との実習面談を行い、就職活動が本格化します。それまでは、キャンパス内で会う人たちが自分の周りのほぼすべてだった学生が、面接や実習を通じて企業で働くさまざまな社会人とふれ合うことで、少しずつ社会人としての意識の変化が芽生えるようです。

山口さんは春先から実習に行き始めました。クラス内では普段から活動的で、授業中でも自分の意見をはっきり述べ、時には話しすぎて注意を受けてしまうほどでした。実習中でもそのようなことがないか、支援教員一同心配していました。

実習から帰ってきた彼は、生活習慣がかなり変わったように感じました。たとえば、常に5分前行動を心がけるようになり、ほかの学生に対しても時間厳守の大切さを話すようになりました。授業中も、まず手を挙げてから話すようになりました。やや子どもっぽさを残していた顔つきも、実習とはいえ会社で働いて引き締まったように感じました。

社会に出て働くという厳しさを少しでも体験すると、普段の生活以上に学生の成長につながることを実感します。社会人生活に向けて、さまざまな経験が彼らの人生の糧になってほしいと願っています。

（早稲田キャンパス）

③よく笑う学生の就職活動

彼女はよく笑う学生です。微笑みや笑顔でもなく、声に出して楽しそうに笑います。怒らないし、泣きません。

その彼女が職場見学に行くことになりました。彼女はスカートのスーツ姿で、いつものリュックではなく四角いバック、スニーカーではなくパンプスを履いていました。電車の座席ではスカートの裏地がすべってミニスカートのようになり、いつものパンツスタイルと同じように足を開き、のけぞって座ってしまいました。四角いバックの角があたり、帰りにはストッキングが破れて網タイツのようになっていました。なれない靴で「足が痛い。大丈夫」をくり返しながら、支援教員の肩によりかかって笑っていました。

合同面接会や企業面接が多くなると、彼女もパンツスーツになり、髪はゴムで束ねたスタイルになりました。でも彼女は笑ってしまいます。その都度、周りの状況や真剣に取り組む仲間のことを説明しますが、自分の世界観や笑うツボが勝ってしまいます。注意を促すことが頻繁になりました。クラスメートは就労に向けて、連日の面接練習や実習準備でピリピリしています。「笑っている場合じゃない」「ふざけないでほしい」と、彼らは真剣にいいます。

彼女をこの環境に押し込めることは、彼女自身に負の感情を蓄積させていくのではないだろうか。この環境では彼女にふさわしい能力開発や訓練にはならない――。日増しにこうした思いが高まりますが、折れてはいられません。会社見学の日、彼女はふざけず颯爽と歩いていました。見学先の体験では、1人でうまく仕事ができるようになりました。

彼女には、ゆたかカレッジの卒業後も、笑っていいときに、安心して心から笑えるところで、笑っていてほしいと思います。彼女の人生を考えたとき、幸せに笑っていられることが人としての豊かさにつながると思います。

（早稲田キャンパス）

④就職に向けて課題克服に励む

生活技能科4年生のその学生は、いつも明るく、みんなのムードメーカー的存在です。就職活動に取り組んでいて、実習やインターンシップなどでキャンパスに来ない日は、授業はもちろん、特に昼休みの静けさが際立ちます。

とても明るく人懐こい性格から、3年生のときのA型事業所の実習で、接客担当として採用したい旨の話がありました。本人も就労環境や人間関係をとても気に入って、就労を強く意思表示したため、改めて本格的な実習を行いました。別に一般企業でも実習をして、そこも採用見込みありの評価でした。

しかし、各2週間の実習の最終的な結果は両社ともに「保留」でした。企業からはさまざまな課題が指摘されました。その後、保護者を交えた面談を行いました。本人の希望はA型事業所、保護者は一般企業と希望が分かれていました。家庭での再検討の結果、A型事業所が第1希望になりました。

それをもとに、企業から指摘された課題の克服に向けて、本格的な取り組みを開始しました。いくつかの課題を設定し、1つずつ克服していけるよう事業所と連携しながら、週に2日のインターンシップを開始しました。

複数の課題を同時に克服することは大変難しいため、週に1つの課題を自身で意識して業務に励むよう声をかけました。学生も意欲をもって取り組み、日を追うごとに評価がよくなっていきました。しかし、1つの課題を克服して次の課題に意識を移すと、これまでできていた課題が再び浮上します。克服と浮上のくり返しでなかなか「内定」に至りません。それには本人も気づいていて、就労に向けて不安もあるようです。

それでも、以前と比較すれば確実にステップアップしていることがわかります。失敗をくり返しても、ここで仕事がしたいという本人の気持ちが成長につながっているのだと感じます。

その後、インターンシップを週3回に増やし、課題の克服に向けて取り組んでいきました。学生が本当に望む人生を歩んでいくため、ステップアップに必要な支援を行ってその成長を見守っていきたいと思います。

（福岡キャンパス）

コラム

こんな道もあったのかと驚いて……
――二階堂恵理子さん（保護者・談）

ゆたかカレッジ江戸川キャンパスでは、通信制高校と連携して高等学校卒業資格を取得するサポートを行っています。同キャンパスに2019年度、中学校を卒業したばかりで最年少となる15歳の新入生を迎えました。18歳未満の学生の入学は2人目です。保護者の二階堂恵理子さんがオープンキャンパスで語った話を要約して紹介します。

1　不思議な絵を描く女の子

娘は発語が遅く、2歳になってもしゃべりませんでした。オムツもなかなか取れず、ちょっとおかしいと思っていました。3歳で入れたかった幼稚園にも入れませんでした。

いま住んでいる区に引っ越すと、2年保育の公立幼稚園に快く受け入れてもらえました。そこには娘と似たようなタイプの子が多く、先生たちも扱いに慣れていて、おかげで娘もすっかり馴染むことができました。

ただ、集団行動や友達とのおしゃべりは難しかったようです。一人でいるか、あるいは主に男の子と遊んでいました。女子とは全然しゃべりませんでした。女子のほうが言葉の発達が早いから、ついていけなかったのではないかと思っています。

小学校の入学時には、支援級か普通学級かで悩みました。お医者さんには「どっちに行ってもいい」といわれました。ただ通常学級に行った場合、言葉が遅いことで自尊心が傷つくことがあるかもしれないと不安になり、小学校・中学校を支援級で過ごしました。

学力の面はどうしても通常学級より遅くなりますが、少人数でアットホームだったので、のびのびできたようです。手厚く、大切に育てていただきました。娘は発語も増えて自信もつき、いろいろなことに取り組むようになりました。

いまのような絵を描き始めたのは中学生の頃でした。美術の先生が「おもしろい絵を描くね」と引き出してくださって、それで火がついたのか、急に変わった絵を描くようになりました。対象物は身近な先生や友達ですが、不思議な絵です。実はこの絵も学長先生です（写真）。

2 中学を卒業したら来ればいい

娘には、学習面でもう少し学びたいという意欲があり

二階堂ユウリさんが描いた長谷川学長

ました。特別支援学校高等部だと入ってから、どうしても職業訓練のほうに色濃く誘導されてしまいます。選択肢がそれしかないのかと、私もとまどいました。

チャレンジスクールも考えて、何度か見学にも行きました。娘のような子どもにも「対応しています」ということでしたが、人数がすごく多く、それまでの少人数からの急激な変化になるため、人間関係で不安になりました。娘も学校のマンモスな様子を見て「ちょっと心配だ」と話していました。

こうして娘は「行くところがない」という現実に直面してしまいました。

インターネットで調べていると、当時の「カレッジ早稲田」がヒットしました。ホームページを見ると「福祉型カレッジ」とあって、不思議な名前だと興味をもちました。すぐに見学を申し込みました。娘が中学2年のときです。ただそのときは、どこか支援学校の高等部に行って、その後に行ければいいか、というくらいの考えでした。

見学で学長先生と面談できたので、「行くところがないんです」と相談しました。すると学長先生は――。

「中学卒業したら、直接来ればいいよ」

「えっ、そんなのありですか。入っていいんですか？」

そういう道もあるのかと、私も驚きました。ただそのときは、通信制高校との連携の話はまだなく、ゆたかカレッジに突然入ってどうなるのかと不安でした。

すると、江戸川キャンパスができることになってビックリし、さらに通信制高校と連携することになったからと誘われました。「そんな手があったんだ」と驚きましたが、もともと勉強したかったのですから、もう乗らない手はありません。「ぜひお願いします」と、中学卒業後に入学することにしました。

いま冷静に振り返ると、娘にとって一番ほしかった最高の環境になったと思います。ゆたかカレッジとの縁が本当によかったと思っています。

3 人間的にすごく成長した娘

福祉でありつつ教育とも融合するゆたかカレッジのような形は、ほかにはないと思います。どうしても福祉の面か教育の面かのどちらかになって、特にグレーゾーンや軽度の子どもたちは、それで苦労することが多いと思います。成長がゆっくりで、つまずく部分がどうしてもあります。そういう部分のフォローに、特に不安がありました。

ゆたかカレッジは、福祉の部分ではもちろん教育の面でもフォローがあるので、すごくぜいたくな環境だと感じています。娘は15歳ですから、18歳の人たちとうまくできるのか、いろいろな障害の人たちといっしょで大丈夫かと思っていましたが、すべてが経験になっていて、人間としてすごく成長させてもらっていると思っています。

また、3年ではなく4年間あるので、ゆとりがもてます。その間に、娘に何が向いているのか、大事な10代をどう過ごせばいいのかなど、じっくり考えられます。新しい試みなので、新しいタイプの人材になれるのではないか、新しい可能性を秘めた子たちがここからたくさん出て行くのではないか、と期待しています。

娘は、家に帰ると寝ています。やはり疲れるのでしょう。けれども授業は楽しいようで、あっという間ではないかと思います。発言の機会も与えてもらい、ディスカッションみたいな感じが多いようです。みんなで話し合ったり先生とやりとりしたりしているうちに、気がつけば終わってしまっているという感覚ではないかと、娘の話を聞きながら思っています。

第3章

ゆたかカレッジの卒業生と就職

1 夢の実現に向かって躍進する学生たち

1 ゆたかカレッジの就職実績

ゆたかカレッジは、２０１９年３月までに70人の卒業生を出しています。その進路は、一般就労が41人、就労継続支援Ａ型事業所が８人、同Ｂ型事業所が16人、生活介護の受給者証を取得し研究生としてゆたかカレッジで継続して学んでいる人が４人、卒業後専門学校に進学した人が１人です。構成比は、図１の通りです。７割の人が一般就労およびＡ型事業所で、それぞれ会社と雇用契約を結び最低賃金が保障されて働いています。

２０１６年３月に第１期卒業生を社会に送り出しました。これまでに４期の学生が巣立って行きました。

２０１６年に卒業した第１期生は、福岡キャンパスの３人でした。３人とも一般就労し、総合病院の看護助手、事務機器の商社などで働いています。

２０１７年には13人が卒業しました。一般就労は６人、Ａ型事業所が１人、Ｂ型事業所が４人、研究生として生活介護の受給者証で卒業後もカレッジに所属して学んでいる人が２人です。就職した６人の就労先は、地元のディ

図１●卒業生の進路

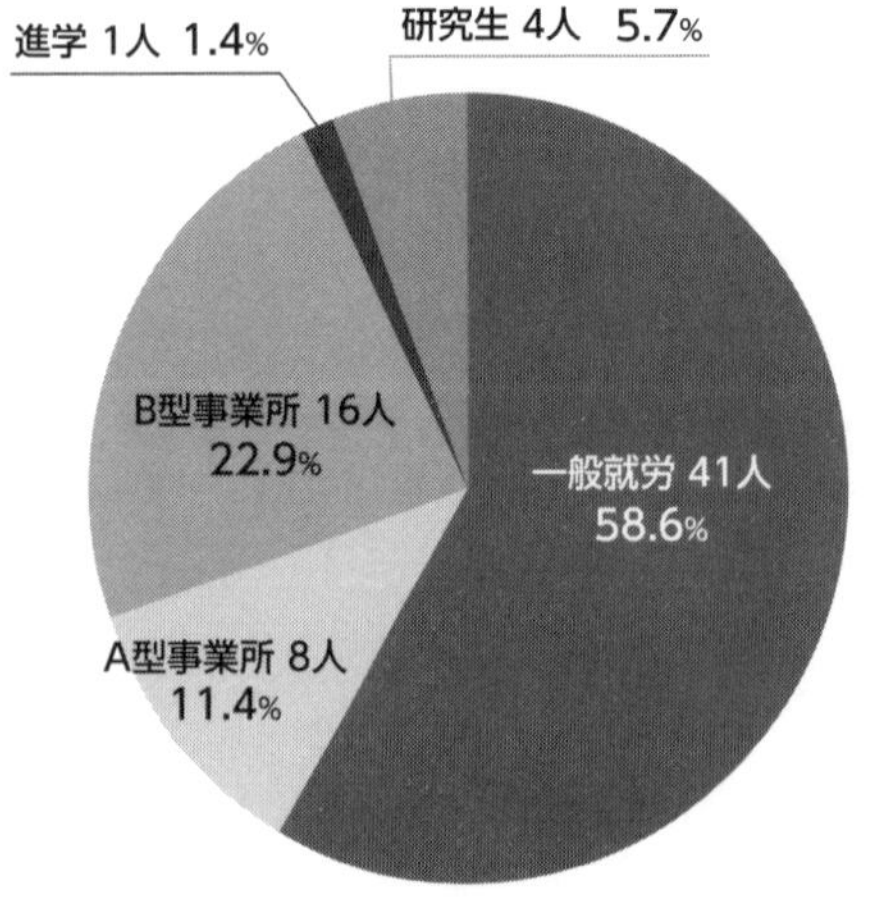

スカウントショップやスーパーマーケット、ラーメンの全国チェーン店などです。

２０１８年には24人が卒業しました。一般就労が15人、A型が３人、B型が５人、研究生が１人です。就職先企業は、紳士服量販店、冷凍食品卸会社、医療用品商社、衣料品製造販売会社、靴の量販店、有料老人ホーム、ＩＴ広告会社、ウェブ制作会社、金融会社、医療事務などです。

２０１９年には30人が社会に出ています。一般就労が17人、A型が４人、B型が７人、研究生が１人、専門学校への進学が１人です。就職先企業は、事務系の会社、レストラン、カード会社、総合病院、ショッピングセンター、放課後等デイサービスなどです。

具体的な就職先のなかには全国的にも有名な１部上場会社もあり、40倍の難関を勝ち取った人もいます。

また、一般就労、A型事業所、B型事業所に就職した65人のうち、61人が離職・退所せず、継続して働いています（定着率93・8％）。離職した４人の離職理由は、全員会社都合や家庭都合による離職であり、卒業生本人が会社でトラブルを起こして離職を余儀なくされた人は１人もいないことも特徴的です。

２ 就職におけるゆたかカレッジの強み

ゆたかカレッジの強みは就職です。戦力として雇ってもらえるからです。

障害者の法定雇用率は２０１８年４月から2・2％になっています（２０２１年３月までに2・3％になる予定）。すなわち、45人に１人の障害者を雇わなければなりません。ですから企業は本当に、障害者雇用について前向きです。障害者にとっては売り手市場という強みがあります。

その背景には、障害者法定雇用率を達成できないと1人あたり毎月5万円の障害者雇用納付金が課されるという事情もあります。逆に、法定雇用率を達成してさらに1人雇ったら、1人につき2万数千円の報奨金・調整金が支給されます。

また就職1年目から3年間は、障害者1人の雇用につきだいたい1人あたり50万円から240万円程度の助成金が支給されます。こうした助成金を活用して給料を払っていけば、企業の負担も軽減されるという状況があります。

こうして障害者が採用されやすい状況があるわけですが、そのなかでとても悲しいのは、仕事の戦力として雇われているのではなくて頭数として、手帳をもっているからということで雇われる青年たちが多いことです。そうなると障害のある本人が一番つらいわけです。

たとえば、職場のなかで責任ある仕事を任せてもらえない、ただいるだけでいいということになると、その人には居場所がありません。あるいは、同じ生産ラインで年配のパートの人などといっしょに働いている場合、「この社員は自分の3分の1しか仕事をしてないのに、なぜ同じ最低賃金なのだ」などと逆にねたまれて、居づらくなったりいじめられたりすることもあります。

そうならないようにゆたかカレッジでは、会社にとって「あなたのその能力、力がほしい」という形で就職できることをめざしているのです。

③ 障害が重くても

また、障害の重い人には就労は無理なのかというと、決してそうではありません。私はアメリカで視察してきましたが、本当に最重度の人たちも働いていました。働き方はさまざまです。たとえば、朝9時にオープンするスーパーマーケットで、毎日月曜から土曜の朝8時から9時までの1時間だけ駐車場のゴミ拾いをする、あるいはレストランのなかでフォークとスプーンを紙ナプキンに包む仕事を毎日1時間するなどですが、これらも就労なのです。

日本では働くということを、生活費を稼ぐとか経済的自立をするということを目的にして就労を考えます。けれども実際、働くということは社会参加であり、社会貢献であり、自分の生きがいづくり、さらには自分の人生の楽しみです。そういう意味では、障害が重くて普段は就労継続支援B型事業所で働いていても、この日だけは一般就労の企業に行くとか、毎日朝1時間ずつは企業で働くなどということもあり得ることだと思います。

もちろんそこには、最低賃金が保障されたり、または有償ボランティアで時給200～300円だったり、あるいは完全なボランティアで報酬が発生しないこともあったりするかもしれません。社会で働く意義は、お金の問題だけではなく、やはり大切なことはインクルーシブな環境で人生を送ることなのです。社会のなかで何かに貢献したり、自分の存在価値を見出したりするということが、働くという意味でとても大事です。

障害の重い人も、そういう意味では働けると考えています。

2 インタビュー・ゆたかカレッジ卒業生のいま

ゆたかカレッジを卒業した人たちの「いま」について、カレッジ時代も振り返りながら、ざっくばらんに話を聞きました。出席は福岡キャンパス1期生の佐藤マサヒロさんと同3期生の梅田カヨさんです。なお、インタビューは2018年9月、発言は読みやすいように編集を加えています。

1 いまの仕事

――まずはそれぞれ、いまの仕事について教えてください。

佐藤：物流関係の会社で働いています。3年目です。仕事内容はピッキング（出荷のために倉庫の棚などから商品を取り出す作業）や棚補充などです。仕事の時間は朝9時から定時は17時までです。残業もあります。残業のときは午後8時くらいになります。職場には、だいたい30～50人くらいが働いています。

梅田：私は医療関係の会社で働いています。店舗支援や、安否登録といって災害が起きたときのために社員が無事かどうかを確認したりもしています。ほかには発送準備などです。

佐藤マサヒロさん
（福岡キャンパス第1期卒業生）

――いまの仕事は楽しいですか？

佐藤：はい。職場の上司や後輩とのコミュニケーションも楽しいし、ピッキングが最後までできると「あ、終わったな」とホッとします。

――梅田さんはどうですか？

梅田：大分慣れてきました。私も後輩がいます。業務内容を教えたりもしています。

――2人とも後輩ができたと聞いて、すごく新鮮な感じがします。逆に、仕事で大変なことはありますか？

佐藤：大変なのは荷物を運ぶときです。重い段ボール箱を積み上げたり、出荷準備ができたものをどんどんカゴに入れて下にもって行ったり……。体力的に大変ですし、けっこう頭も使います。たとえば大きいものは下に置いて、隙間ができたら小さいのを入れてと……。

――適当に積んだらダメなのですね。隙間がないようにうまく積んでいくと……。失敗することもありますか？

佐藤：何回もあります。でも上の人から「身にはつくけん、次から気をつけろ」といわれます。でも大分少なくなってきたと思います。

梅田：私は、報告の仕方があいまいになるときがあります。数で混乱したり、いっぺんに同じ仕事を2つもするから、どれがどれかがわからなくなったりすることが

梅田　カヨさん
（福岡キャンパス第3期卒業生）

あります。そういうときはもう一度、ジョブコーチから報告書をもらって再度確認して、これでOKだなと思ったら、もう1人の人にダブルチェックで確認してもらって、それでOKをもらってからまた梱包をしたりしています。

それと、コピーなどでエラーが起きたときが大変です。紙詰まりも自分たちで直さないといけないので、機械に詳しくないと難しい点もあります。社員の人たちに聞いて、少しずつ覚えてきたという感じです。

――失敗して怒られたこともありますか?

梅田：印刷で、500部を5000部と1桁多く間違えて怒られました。「次回も使えるから」となってよかったのですが、もしも日付が書かれていたら大変なところでした。報告書も「間違えました」と、枚数も書いて提出しました。

――失敗もしながらいろいろなことを覚えている感じですね。いまの仕事は、ずっと続けていきたいと思っていますか?

佐藤：続けていきたいです。最初の頃は話すのが苦手でしたが、いまはいろんな人と話せるようになりました。

梅田：私も、いまの仕事はけっこう自分に合っていると思います。社員のみなさんにもやさしく接してもらえて、わかりやすいです。

――昼休みや昼ご飯はどうしていますか?

梅田：いつもいろんな人と将棋やオセロをしています。会社にお弁当屋さんが来るので、昼ご飯はそれを買って食べたり、社員の人と外にランチに行ったりしています。

佐藤：僕はだいたい弁当だったりラーメンだったり、日替わりです。休憩時間は携帯をいじったりしています。

――どちらも自分に合った仕事で、楽しく働いているようですね。

2 カレッジで学んで役に立っていること

――いま働いているなかで、カレッジで学んで役に立っている、ということはありますか？

佐藤：物流実務です。そのおかげで、いろいろなことが経験できました。

――物流実務は部屋でピッキングの練習などをしますが、実際の職場でもカレッジでやったことと似たような感じですか？

佐藤：そうです。ただ、会社では携帯電話みたいなハンディ機器を使います。それはカレッジにはありませんでしたが、手でする作業は似ています。

――カレッジでのピッキングの訓練は、大変ではありませんでしたか？

佐藤：とても大変でした。

――大変だったけど、やっておいてよかったと？

佐藤：はい。

――梅田さんは、何か役に立ったことがありますか？

梅田：ＰＣ（パソコン）実務でショートカットキーやエクセルの使い方を習ったことや、店舗実務で習ったキャラメル包み（図2）が役に立っています。梱包するときにキャラメル包みをするのですが、まったく同じです。計量も役に立っています。ＳＳＴ（ソーシャルスキルトレーニング）も「これが終わっていないのでこれをやってください」などの伝達で役に立っています。

――学んだことが実際に使えているのはいいですね。ほかにもありますか？

佐藤：スポーツです。１年目は体力がちょっともたなかったんですけど、２年目以降から体力が大分もつようになって、残業も長くできるようになってきました。

――１年目は疲れ果てていたのですか？

佐藤：疲れ果てていました。仕事がすごく長く感じました。特に忙しい12月はヘロヘロな感じでした。

――そのとき、もう辞めたいとは思いませんでしたか？

佐藤：思わなかったです。「続けてほしい」と〝心の声〟にいわれた感じがしました。グループホームの職員さんにも「続けてほしい」と……。

――グループホームの職員さんにも励まされたわけですね。そして３年とすごく続いていますが、それには何か秘訣がありますか？

佐藤：秘訣ですか？　心が折れないことです（笑）。怒られても、へこまず修正することに……。

図２●キャラメル包み

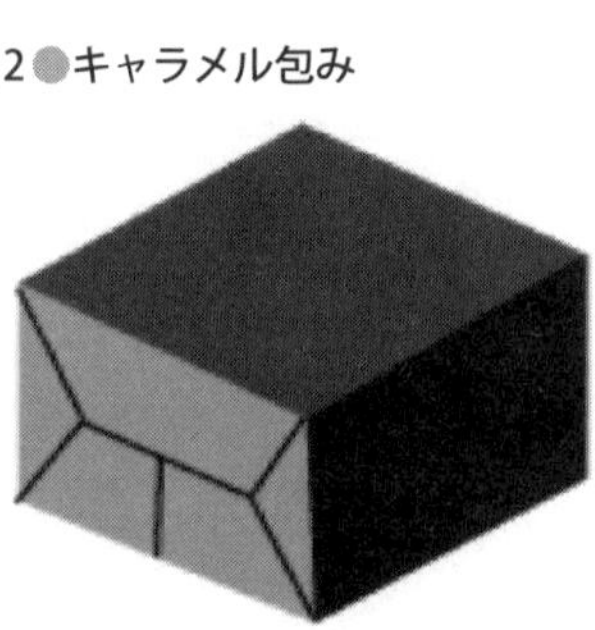

――それは、カレッジのコンセプトの一番大事なことですね。カレッジでも経験していたのですか？　厳しい訓練があったとか……。

佐藤：ありました。

――それがあれば長く働き続けられると？

佐藤：はい、やっていけます。

――障害がある人の場合、就職しても1年で3～4割の人が仕事を辞めるといわれます。3年間続けるのはなかなか大変なことだと思います。梅田さんは、少しだけでも「辞めたい」と思ったことはありませんか？

梅田：いまのところ全然ないです。ジョブコーチの人たちに自分に合った仕事を分けてもらえるので、融通がきいて仕事ができて、そんなに負担はかかりません。

――ジョブコーチは、どんな感じでついているのですか？

梅田：仕事を与えてもらい、わからないことはその人に聞いたらわかるような感じです。だから、自分がすべて背負って仕事をしなくていいのが一番大きいと思います。出勤したらその日の仕事が割り振られていて、それをチェックします。ジョブコーチは時間によって交代します。

――ジョブコーチは何人くらいですか？

梅田：10人くらいです。私たちの部署だけで障害のある人が50人くらいいます。車いすや手が不自由な人など障害のあるジョブコーチもいます。私たちの部署で健常者ジョブコーチは2名くらいです。

それと1～2か月に1回、社員面談があります。それで、こういうふうに仕事をしたいということも相談できます。

――安心して働けているようですね。佐藤さんのところにはジョブコーチはいないのですか?

佐藤：いません。

――では会社のなかで、困ったときに助けてもらえる人はいますか?

佐藤：いっしょに働いているパートの人たちに聞いています。「ここの番号がわからないんですけど、どこに行けばいいですか」と聞くと、「こう行って、こう行ったほうがいいよ」と教えてもらえます。

――いろいろな人に何でも聞けるわけですね。聞くのに抵抗はないですか?

佐藤：ないです。

――誰にも相談できないと、どうしていいかわからなくなりますから、聞けることは大きな力です。カレッジの授業で、わからないことがあったときの聞き方も学びましたね。

佐藤：やりました。電話対応も役に立っています。

――具体的にはどんなときですか?

佐藤：風邪をひいて休むときです。電話したら「いいですよ。電話してくれるので」といわれました。それから遅れるときの連絡です。

――休むときや遅刻するときの連絡の仕方なども、授業でしましたね。もし、カレッジで学んでいなかったらどうだったと思いますか?

佐藤：テンパるかな（笑）。「どうすればいいんだろう」と……。
梅田：私も役に立っています。社内でも電話を使うことがあります。
――2人とも、すごくしっかりと仕事ができるようになっていますね。

3 進路を決めたとき

――カレッジの頃、佐藤さんは確か食品関係の仕事を希望していたこともあったと思います。いまの物流の仕事は、いつごろから意識し始めたのですか？

佐藤：3年生になって「ピッキング作業が入ります」といわれて、「どんな作業ですか？」と聞いたら「物流関係です」といわれました。やってみたらすごく身について、食品よりこっちのほうが向いているかもしれないと思いました。それで、4年生になったときに「物流関係がいいです」と……。たまたま会社が近くにあって実習しましたが、失敗ばかりだったのでダメだと覚悟していました。そしたら採用されて、ビックリしました。

――3年生のときの授業がきっかけだったのですね。確かに実習でなかなかうまく作業ができなくて、カレッジで練習していましたね。物流やピッキングについては、わかっていましたか？

佐藤：同じグループホームで物流の仕事をしている人に聞きました。「めっちゃ大変やけど、あなたなら絶対にうちの会社に来られると思うよ」といわれました。それで、物流関係の仕事につきたいと思いました。

――物流のどこがいいと思ったのですか？

佐藤：みんなで一致団結できているからです。

――ここダメかなと思ったとき、あきらめようとは思わなかったのですか？

佐藤：思いませんでした。やり続けたら、間違いもあるけど達成感が大きいからです。

――もし採用されていなかったら、ほかの仕事を考えましたか？

佐藤：物流関係のほかの会社を探したと思います。

――もう物流に行こうと決めていたわけですね。

佐藤：はい、3年生のときに決めました。

――ここで働きたいという強い気持ちがあるのが大事ですね。梅田さんは当初、パン屋さんになりたいといっていましたね。それが変わっていったあたりのことを話してください。

梅田：最初はパン屋さんになろうと思ったんですけど、体力的に難しいと思いました。カレッジで資格検定とかパソコンをするようになってから、パソコンに関わる仕事がしたいと思い、進路をどんどん変えていきました。

パソコンはエクセルやワードの使い方を習って、資格検定では情報処理検定準2級まで取りました。準2級はエクセルでいろいろな関数を使ってグラフに表します。3級だとまだグラフがありません。1つ間違えれば全部間違うような問題でした。

担当の先生に教えてもらっていましたが、ほかの先生たちには「これはできない」といわれて、もう自分でやるしかないと、参考書を見ながらやっていました。

――先生たちができないなら自分でやろうというのがすごい。独学で資格を取ったわけですね。

梅田：そのおかげで、会社でも関数を使って役に立っていますし、やりがいもあります。私たちの仕事に集計作業があるのですが、1個ずつ計算するのは大変ですから関数を使って一気に……、という感じです。

――かなり高度なことをしていますね。数学が得意だったのですか？

梅田：いや普通です。でも、国語よりは好きです。

――パソコンはカレッジに来る前から使っていたのですか？

梅田：全然やっていませんでした。ローマ字もよくわかりませんでした。

――なるほど。そして、事務の仕事がいいと思ってからは事務に行こうと決めたわけですね？

梅田：はい。パソコン以外にも手を使った作業もやりたいと思い、ハローワークで自分に合った会社を探しました。そのなかにいまの会社もありました。

――2人の話を聞いて、目標をもってがんばることがどれだけ大事かということを、改めて感じました。

④ カレッジで心に残ったこと

――カレッジに来る前は何をしていましたか？

梅田：高校を卒業して、1年違う福祉サービス事業所に行って、カレッジには1年遅れて来ました。

――カレッジに来たとき、最初はどう思いましたか？

梅田：授業を聞くときとかずっと座っていないといけなかったので、何をしているところか不思議に思いました。前の事業所ではみんなで箱折りとかの作業をしていましたから、少し退屈でした。でも、いっしょになったクラスメイトが親切に教えてくれたので、ちょっと助かりました。

——佐藤さんはどうでしたか？

佐藤：特別支援学校でした。卒業してカレッジに来ました。

——なぜカレッジに行こうと思ったのですか？

佐藤：カレッジなら4年間、就職とかの勉強ができるからです。

——実際に来てみてどうでしたか？

佐藤：最初はどんなところかなと思いましたが、ホームルームとかも学校とほとんど同じでした。

——梅田さんはいったん福祉サービス事業所で働いていたから「何これ？」みたいな戸惑いがあったようですが、佐藤さんはわりと自然に入れたのですね。それで、ここはいいぞと思いましたか？

佐藤：はい。ただ、無事に卒業できるかなと不安はありました。

——人数もそんなに多くなかったでしょう？

佐藤：僕が入ったときは5人でした。

——その学年はその後3人になりましたが、だんだんと後輩ができていって、カレッジらしくなっていきましたね。カレッジで心に残っていることは何かありますか？

佐藤：4ついっていいですか？

——では順位をつけましょう。第4位は？

佐藤：第4位は全専研（2012年12月に神戸市で開かれた「全国専攻科〈特別ニーズ教育〉研

究集会」のこと。学年全員で参加した）です。全国から来た人たちと交流して、いろんな勉強をしたり、神戸の料理屋さんで夕食を食べたり、翌日は大阪にも遊びに行きました。

――第3位は？

佐藤：第2回の研究論文発表会です。宇宙について3人で研究論文をつくりました。それで優勝しました。

――その写真も残っています。第2位は？

佐藤：マラソン大会です。1年生の最初のときが「海の中道マラソン大会」で、初めて3キロ走りました。上り坂があったり下り坂があったりできつかったんですけど、最後まで走れました。2年生から「ちっごマラソン」で、最後の4年生のときの5キロが一番きつかったですけど、完走しました。

――第1位は？

佐藤：台湾に行った卒業旅行です。現地のガイドさんがおもしろくて、楽しかった。まさか海外旅行に行けるとは思わなかったから……。台湾新幹線にも乗れました。

――梅田さんは？

梅田：私は5つあります。第5位がゆたかサンフェスタです。鞍手の人たちとコミュニケーションしながら料理を提供したり、それを販売したりするのが印象に残りました。ほかのカレッジのみんなと合唱もできて、楽しかったです。

――第4位は？

梅田：クリスマス会です。これも調理ですけど、料理を出してみんなに食べてもらいました。

――保護者やいろいろな人に食べてもらい、「おいしい」といってもらいましたね。第3位は？

梅田：関西への卒業旅行です。特に旅行前1か月はもう仕事が始まっていて、みんなとは2回くらいしか会えず、ちょっと寂しかったので……。

――卒業旅行が決まって、すぐにしおりをつくりましたね。私たちは何も知らない間につくっていて、「先生、これで行きます」と……。

梅田：間違えて女性専用車両に乗ってしまった男子もいましたが、みんなでワイワイ楽しめました。

――福岡には女性専用車両がないから（笑）。第2位は？

梅田：論文発表会です。特に4年生のときです。カレッジのことについて説明して、その流れで就職に結びつきました。みんなに成功の秘訣とかを伝えられたかなと思います。

――自分が感じ取ったことをまとめて、卒業していくにあたって、こういうことをやってこうしたらいいよ、みたいなところも話していました。梅田さんにしかできない論文発表でしたね。では第1位は？

梅田：みんなで先生たちにわたすアルバムを制作したことです。先生の個性に合わせてつくりました。みんなで「何かをしたいよね」と話し合って、1年前に決めていたんです。お小遣いからお金を出し合って、先生にばれないように計画を進めていきました。

――そうでしたね。支援教員それぞれに1冊ずつ、まったく別の中味のアルバムでした。全部手作りです。教員歴30年という人でも初めてだったそうです。こんなふうに思ってくれてたんやと本当にうれしくて、みんな感動して泣いていました。

梅田：みんなでけっこう盛り上がっていました。どれを貼ったらおもしろいかとか、どの貼り方がいいかとか……。作業は昼休みと朝の10分か20分くらいでしたが、先生たちが来たらみんな教科書やノートの下に隠していました。

――1年間もよく隠し通しましたね。本当に誰も気がつきませんでした。

5 カレッジで苦労したこと

――今度は、カレッジで悩んだことや苦労したことがあったら話してください。

佐藤：一番悩んだことは、論文発表会の原稿です（笑）。制限時間の5分間でいうようにしようと思いながら、なかなか時間が足りませんでした。特に4年生のときです。タイムオーバーしたらたぶん予選敗退だし、ヤバイと思いました。できたのはできたと思ったのですが、勝負強さがなかったのか、結局予選敗退でした。

梅田：私は、体力と人間関係です。ちょっとしたことで食い違ってもめたことがありました。

――そういうときは、どうやって立て直しましたか？

梅田：先生たちに相談したりしていました。

――自身でも相当の努力があったと思います。ずいぶん我慢もしていましたね。相手のことを考えるタイプで、大きく揺れ動いていました。そういう日々はどうでしたか？

梅田：ちょっとつらいときもありました。

――カレッジは楽しいことばかりではありません。でも、人間が生きていく上で楽しいことばかりはあり得ませんからね。そういうこともくぐってきたから、もしかしたら今後そういうことがあったとき、乗り越えていけそうですか？

梅田：まず一度相談をして、解決方法を見つけるしかないと思っています。

――自分で全部抱え込まないで相談すればいい、ということをわかっていることが大事ですね。そういうときは、いろいろな人の力を借りていいのですから。それも大事な勉強だったと思います。

⑥ 後輩たちに伝えたいこと

――カレッジの後輩たちに伝えたいことはありますか？

佐藤：とにかく、チャレンジ精神で最後までやり抜く、それが1つです。それから悩みや苦しみがあったら、周りの人に相談すること。そして、体力をきちんとつけることです。

――佐藤さんはチャレンジしましたからね。やろうかやらないかと迷ったときは、どっちがいいですか？

佐藤：迷ったときはもうやるしかないと思います。

――カレッジの後輩が、もしやるかやらないかで迷っているのなら、「やれ」といいたい？

佐藤：はい。

――梅田さんはどうですか？

梅田：報告をしっかりすること。ミスしたときもきちんと素直に、これがこうこうだから失敗したと、正確な報告が必要だと思います。それから、自分の体調が悪くて無理と思ったときは、すぐにスタッフにいって休憩をもらうほうがいいと思います。

――梅田さんにとっては、うまくいったときと失敗したときの報告は、どっちが大事だと思いますか？

梅田：失敗したときです。部署の部品だから、ちゃんと報告しないと何枚使われているかがわからないし、それも会社の負担で買っているものだからです。

――ということは、カレッジのいまのみんなにも、失敗したことがあってもそれを隠さないでと？

梅田：怒られてヘラヘラしないで、失敗したらきちんと「申し訳ございません」と改めてあいさつをしたほうがいいと思います。1人で仕事はできないので、コミュニケーションも必要です。みんなで団結してやったほうがいい。チームワークです。自分の仕事の後に、それを引き継ぐ人がいます。だからわかりやすく、どこまで終わったかを報告するのも重要です。1人で仕事をしているわけではないということを、わかってほしいと思います。

――その場にいる人とのコミュニケーションもあるけれども、その場にいない人たちともコミュニケーションを取っているということですね。仕事は必ずいろいろな人とつながっていく。それをわかって仕事をするということを、カレッジのみんなに伝えていきたいと……。とても大事なことですね。

7 これからの夢

――最後に、将来にどんな希望や夢がありますか？

佐藤：これからもどんどん働いて、フォークリフトや車の運転免許を取りたいと思います。そして、任される人材になりたいと思います。それと、できればパートから社員になってみたいと思います。

——仕事の面でまだまだスキルアップしながら、できることを増やしていきたいということですね。仕事以外には何かありますか？

佐藤：お金を貯めて、1人暮らしをしてみたいです。

梅田：私は、お金を貯めて1人暮らしをして、いつか旅行に行きたい。韓国とかに行ってみたいです。

佐藤：実は私も、旅行には行く予定があります。東京と金沢と横浜の、三都物語みたいなところで……。

——夢というよりもう具体的な計画ですね。梅田さんには具体的な計画がありますか？

梅田：ないです。お金を貯めたいだけです。これまでの半年間、お小遣い以外は全部貯金しました。

——しっかりしていますね。大きな夢をつくって、ぜひ実現できるようにしてください。今日はありがとうございました。

コラム

カレッジでの学びを生かして
――島津タツヤさん

福岡キャンパス3期生の島津タツヤさんは2018年3月に卒業後、福岡市内の特例子会社で働いています。

同社は親会社の系列店やグループ工場などの外回りの清掃と、同じく親会社から受託した書類チェックやデータ入力、発送作業などの事務作業が主な仕事です。島津さんは店舗周りの清掃・除草業務のほか、畑で育てる野菜や花の水やりなどの農作業、積み木などを作る木工作業、そしてデータ入力や箱折り、封筒詰めなどの事務作業に従事しています。

仕事は楽しく「一番好きなのは草取りと掃き掃除です」と島津さん。「事務作業とパソコンを使ったりする入力作業はすごく得意ですね」と同社トレーナー（ジョブコーチ）の山室光氏《あきら》も話します。

特例子会社は、障害者の雇用機会を確保するために設けられた制度です。障害者が働きやすいよう特別に配慮した子会社を設立した場合に、特例としてその従業者を親会社

事務作業中の島津さん

の障害者雇用率に算入できる仕組みになっています。したがって福祉的就労の事業所ではなく一般企業です。全国に464社、福岡県内には15社（厚生労働省資料、2017年6月現在）あります。

同社は完全週休2日制で、これは島津さんにとって就職を決める際の決め手の1つだったようです。処遇は最低賃金のパートタイマーからのスタートですが、意欲と努力次第でより条件のよい契約社員、さらに正社員へとステップアップできる制度もあります。また、約5人の障害がある従業員に対して1人程度の割合でトレーナーを配置し、従業員との定期的な面談も実施しています。「A型（就労継続A型事業所）よりいいからと応募してくる人も多いですよ」と山室氏は話します。

「カレッジで学んで役立っているのは、清掃実務のなかでホウキの使い方や雑巾の拭き方などを習ったことです。落ち葉の清掃もやってましたから、それも勉強になりました。カレッジで一番楽しかったのは、大阪に行った卒業旅行です。みんなとのコミュニケーションや笑顔も心に残っています」

と島津さん。カレッジ時代には自治会の副会長に立候補し、映像などが見られる視聴覚室を実現、意見箱の設置などにも取り組みました。そうした同期の卒業生たちとはいまでもSNSなどで交流があるそうです。

自宅から約1時間余り、バスと地下鉄と電車を乗り継いで通います。小さな頃から大好きなソフトバンク・ホークスの応援に、仕事が終わって直接球場に向かうこともあるそうです。

「もっと仕事に慣れて、これからも貫いて、がんばっていきます」

そう話す島津さんに、カレッジ時代よりひと回りたくましくなった印象を受けました。

3　保護者座談会・ゆたかカレッジでつかんだプラス思考と仲間たち

ゆたかカレッジとその卒業生たちについて、保護者の目線で語り合ってもらいました。出席は、2014年に東京で初めてオープンしたゆたかカレッジ早稲田キャンパス（当時は「カレッジ早稲田」）の第1期生保護者のみなさんです。

長谷川（司会）：生い立ちから就職した現在に至る卒業生たちの成長を通して、ゆたかカレッジの意味について、元保護者のみなさんと率直に語り合っていきたいと思います。まず、ゆたかカレッジに入学するまでの子どもたちの生い立ちについて、それぞれ紹介してください。

1　それぞれの子どもたちの生い立ち

安房：息子は2165グラムという未熟児で生まれました。生まれてすぐに高熱を出して髄膜炎になりました。髄液を抜く手術を受けましたが、頭部ですから、この先ちゃんと育つだろうかという不安はありました。

やはり言葉が出るのが遅れました。3歳になっても話ができ

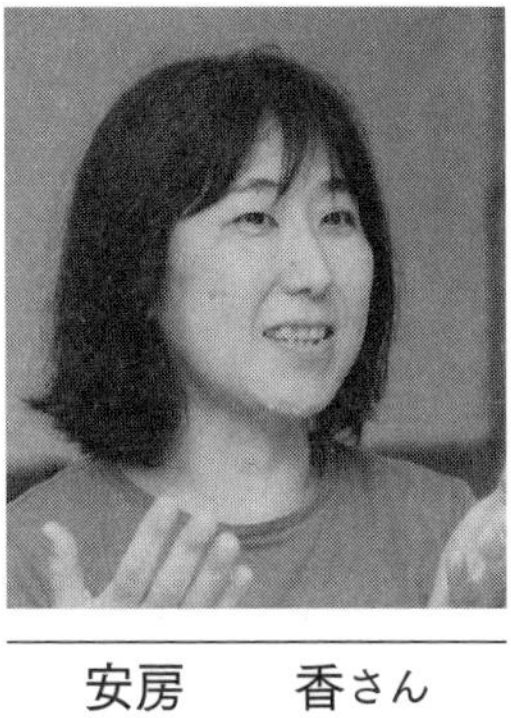

安房　香さん
（ゆたかカレッジ元保護者）

ず、「アー」「ウー」などといっていました。よく泣く子で、パニックもよく起こしました。公園から抱えて逃げ帰ったことも何度もありました。

そんな子でしたが、保育園に入ってほかの子どもたちと触れ合うと、話ができるようになってきました。それで小学校では期待を込めて普通学級に入れましたが、やはりいろいろと悶着があり、4年生から特別支援学級に移りました。その後は中学校でも特別支援学級で、高等部から特別支援学校に入りました。

嶋田：うちの子も1960グラムという未熟児で、しかも生まれたときは仮死状態でした。ちょうどNICU（新生児集中治療室）がある病院で、そこに直行でした。1か月で退院はできましたが、2週間くらい動きも何もなく、そのときに脳に酸素が行かないなどいろいろあって障害が残りました。ただずっと、MRIを撮っても脳には障害がないといわれていました。

でも3歳になっても「アー」も「ウー」もいわず、オムツもなかなか取れませんでした。年子の妹のほうが、オムツが取れるのもしゃべるのも早かったので、おかしいと感じていました。

いろいろ検査をして、自閉傾向があるといわれました。それから、いろいろな療育施設に連れて行きました。おしゃべりなどはできるようになりましたが、余計な知識も本人に入ってきて、日常生活のルールなどがなかなか身につかず、大変でした。

小学校では、希望して普通学級に入りました。でも1年生の夏からは、同じ学校の特別支援学級に移って、それからはずっ

嶋田真由美さん
（ゆたかカレッジ元保護者）

と特別支援学級でした。一方的にしゃべるので、相手が大人だと工夫してもらえて会話になりますが、同じ年代の子とは会話にならず、本人も周りも大変でした。それで、やはり普通学級では無理という判断でした。

中学校も特別支援学級で、高等部からは特別支援学校に進みました。

息子の障害の特徴として、周りの人たちの名前と顔が覚えられないことがあります。毎日会っていても、誰かはわかっていないと思います。相手が自分のことをわかっているので、知り合いだと思うそうです。

また、実際にいましないといけないことがわかっていません。なかなか指示も伝わらず、指示通りの行動には移れません。自分がしたことも、瞬間的に忘れてしまいます。

松井：娘はモザイク型ダウン症です。モザイク型はダウン症のなかの1％で、なかなか発見されにくいそうです。生まれたときは3180グラムで普通でした。上の子と比べて母乳を飲むのが下手だったくらいです。

1歳の頃に、近所に住んでいるダウン症の子のお母さんから、知人を通して「もしかしてダウン症じゃないかしら」といわれ、すごくショックを受けました。確かに言葉が出ないなど遅いところがあるとは思っていましたが、歩くのも1歳1か月くらいでしたし、それほど目立ったものはなかったのです。

ダウン症は血液検査でわかると聞いて、生まれた病院に行き

松井　優子さん
（ゆたかカレッジ元保護者）

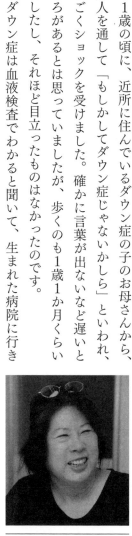

ました。するとマイナス（異常なし）でした。先生には「他人の言葉なんか気にしないで、普通に子育てしてください」といわれました。

だから、それから実際にわかるまで、普通に育てているつもりなのにできないことが多く、私はいつも怒っていて、できないことがあると叩いたり置いて行ったりしていましたから、娘は私になつきませんでした。その時期の私は、自分には子育てができないのではないかと思うほどナーバスでした。

3歳になって、この子は絶対に普通ではないと思い、いろいろな人に聞いて慶應病院に行きました。けれども血液検査はやはりマイナスでした。ダウン症と出ないのです。先生も「ダウン症特有のしゃべり方だし、どう見ても普通と違う」からと、半年かけて染色体を培養してもらいました。すると、通常は2本対になっている染色体のうちの2つが3本になっていたそうで、「モザイク型ダウン症です」といわれました。

私のなかでは、1歳のときに続いて2度目のショックでしたが、むしろ間違っていなかった、これでよかった、と思いました。そして、わかるまでの2年が苦しかった分、我が子が愛おしく、心からかわいく見えました。

そこから複数の施設で療育を受けました。3歳半になっていて、半年後には保育園に入れる予定にしていたので、駆け足の療育でした。

その後は、3人の母親で親の会（ぽけっとの会）をつくりました。それがどんどん増えて、その後日本ダウン症協会の支部になり、いま40家族余りになっています。

娘は小学校から中学校まで特別支援学級に通いました。高等部で特別支援学校に行ったとき、本人はすごく喜んでいました。それまでは何となく学級の片隅で、寂しい思いをしていたようです。特別支援学校は「みんな同じじゃん」といっていました。そこが特別支援学校にしてよかったところです。

三富：うちの息子も未熟児でした。2250グラムで生まれて1週間保育器で過ごしました。母乳を搾乳しては病院に届ける日々をしばらく続けていました。なかなか身体も育たず言葉も遅かったので、言葉の療育に通っていました。ただ愛嬌だけはあって(笑)、みんなにかわいがられて育ちました。

周りの指示には従えたし社会性もあったので、普通の小学校に入れました。みんなと普通の小学校生活を送ってほしかったのです。けれども、言葉が遅いせいもあって友達がなかなかできず、ちょっと揉めると言葉で言い返せないから手が出てしまい、周りの男の子たちから敬遠されるようになりました。

そこで、自然のなかで友達と家族のように生活する経験をすれば違ってくるのではないかと考え、小学校3年生のときに1年間、当時区が運営していた健康学園の寮生活に送り込みました。

ただどういうわけか、いっしょに参加した同級生がみんな女の子でした。もちろん男の子はいましたが、学年が違うとなかなか遊びにもついていけません。自然のなかで健康的な遊びを覚えてほしかったのに、結局女の子のなかで何となくオネエっぽい遊びを覚えて戻って来ました(笑)。

三富　由子さん
(ゆたかカレッジ元保護者)

その頃、中学受験をめざしている友達がわりと多く、周りも勉強に追われてカリカリしているなかに、ちょっと人より遅れたうちの息子が戻ってきたものですから、いじめの対象になってしまいました。ある日息子から「お母さん、僕『○○（名前）キン』っていわれるんだよ」と聞いて愕然としました。ばい菌の「菌」です。担任の先生に連絡したところ、「気づきませんでした。すみません」と、クラスでいろいろ話をしてくださいました。

それでも、やはりコミュニケーションがうまく取れず、子どもたちのなかではだんだんエスカレートしていきました。暴力や、服をクシャクシャにして捨てられたこともありました。卒業間際にはケンカで突き飛ばされ頭の後ろを切り、包帯を巻いて卒業式に出席しました。

狭い区でしたから、中学校は自由に選べました。どこも通学範囲です。本人は「勉強が難しくないところ、いじめのないところがいい」と意思表示をしました。「そしたら特別支援学級だね」と、1校しかない特別支援学級のある中学校に入学しました。

でもそれは、結果的にすごくよかったのです。その学校には、特別支援学級の先生が「顔」というほどいい先生が揃っていました。いまだにその頃の先生たちを交えてみんなで集まって食事ができる、いい関係が続いています。息子も、小学校のときとは見違えるほど表情が明るくなり、自信ももって、部活に参加したり、友達と自転車で出かけたりするようになりました。

高等部は特別支援学校に入学しました。やはり就職をめざした授業がとても多く、性格的にすごく幼かったので、実習に行ってもついていけなくて、なかなか就職が決まりませんでした。

私のなかにも、同世代の子たちがみんな4年間の大学生活で徐々に自分の進路を決めていくなかで、まだ全体的に幼い息子のような子たちが、どうしてこう早く仕事に就かなければいけないのだろう、という疑問がずっとありました。

内海：息子は普通のダウン症です。ただ合併症がなく、わかったのは半年後でした。2か月の新生児検診のとき、担当が発達外来の先生でした。息子を診て「なんかちょっと柔らかいね……」と気になったようで、「健康管理のために、市民病院に通ってください」といわれました。そのときはダウン症の「ダ」の字もなく（「へぇ〜」の声）、育児相談のつもりで通っていると、5か月目に「血液を採らせてもらっていいですか」となり、翌月にわかりました。

わかったときはショックで、将来的にどうなるのかとすごく不安になりました。ちょうど近くに療育施設があったので、すぐに通い始めましたが、アトピーと喘息だったので、皮膚科と小児科と耳鼻咽喉科にほとんど毎日通っていました。

幼稚園はトレードマークの笑顔で普通にみんなのなかに入れていたので、小学校も地元の普通学級に通いました。障害があってもみんなといっしょに社会のなかで生きていってほしいと思いましたし、住んでいる学区には特別支援学級のある学校がなかったので、小学校に行って「ダウン症なんですけど」と説明すると、理解してもらえました。

子どもたちも純朴な子たちが多かったと思います。高学年になるといじめる子もいましたが、息子は友達が大好きで、いまでも友達の名前をしっかり覚えています。

内海　智子さん
（ゆたかカレッジ元保護者）

中学校は、地元の中学の特別支援学級に入りました。そこもすごく交流がたくさんある学校で、1時間目が始まる前に読書をする「朝読」の時間も交流学級に行って、マンガや絵本を読んだりしていました（笑）。体育の時間や給食の時間もいっしょで、息子のオトボケキャラもあり、受け入れてもらっていたようです。

卒業旅行は長野県の農家にホームステイでした（「へぇ〜」の声）。交流学級の友達と5人一組で農家に泊まりました。その農家で、息子はずっとカラオケをうたっていたようです（笑）。いまでもその農家とやり取りがあります。

中学を卒業して、高校は特別支援学校に入りました。

② なぜゆたかカレッジに？

長谷川：続いて、なぜゆたかカレッジを選んだのかについて聞かせてください。高等部を卒業するときに、いろいろと進路の悩みもあったと思います。

安房：海外赴任経験のある人から「海外では、障害がある人はできるだけ社会進出を遅らせるっていう考え方だよ」と聞きました。「日本と逆だよね。日本は早く社会に慣れさせようとするよね」と……。

私はそれがすごく引っかかっていました。それなら、高等部を出た後にできるだけ時間をかせぐにはどうしたらいいだろう、と思っていました。それで、2年間は時間稼ぎができると思って、進路を就労移行支援事業に決めました。

そしたら、謝恩会の日に進路がみんな公開されて……。

三富：うちも同じ学校ですが、それまで「お子さんの進路先を口外しないでください」と箝口令が敷かれていたのです。

安房：ようやく謝恩会の日にお母さん同士で話せたのですが――。

「カレッジ早稲田に行くんだよ」

「なんですって！」

それで、どうしてうちには教えてくれなかったのというわけで、担任の先生に「進路を変えたいです。息子もそのほうがいいといっています」と、ちょっと押し気味にいいました（笑）。すると先生は〝変更しても大丈夫ですよ〟みたいな感じだったので、動きました。そうしてカレッジ早稲田に決めました。

長谷川：謝恩会は卒業式の日ですよね。そのときに初めて知るのですか？

三富：子どもたちはまじめじゃないですか。先生からいわれたことは絶対っていうところがあって、そこを親が破るわけにはいかないと……。

嶋田：でも特別支援学校の先生は、あまりカレッジをすすめていない感じでしたよね……。

三富：まだ海のものとも……（笑）。

長谷川：そらそうですよ、まだなかったのですから（笑）。みなさん1期生ですから、本当にチャレンジャーですよ。

嶋田：私は、新しくできる作業所の説明会に行ったときに、松井さんに「こんなところができるよ」

とカレッジ早稲田のことが載った新聞の切り抜きを見せてもらって知りました。あとは松井さんからいろいろな情報をもらって……。

松井：そう、同じ学校でしたから……。

嶋田：それで先生に「こんなところができるみたいですけど」と……。同年代の友達ができるのが本人もすごく楽しみで、私もそうなればという気持ちがあり、うちの子もぜひ入れたいと思いました。同じ作業所に入るにしても、寄り道をして4年後に入ってもまだ22～23歳ですから、遅くないと思ったのです。それで、カレッジ早稲田に入れたいという気持ちが、私のなかで盛り上がってきました。

ただ私も、自分の子の障害をちゃんとわかっていなかった、いまでもあまりわかっていないのかなという気持ちがあります。本人は、頭では友達をつくりたいという気持ちがありますが、その友達とコミュニケーションが取れないと、暴力や暴言などいろいろなことが重なったこともありました。

長谷川：伝わらないからもどかしいのですよね、本人は……。

嶋田：私の実家は外国です。小さなときに何回か向こうに連れて行き、向こうの施設や、障害があっても普通のスーパーで普通に働いている姿を見て、普通に働けるのだとすごく感じていました。だから、ちょっと寄り道をして、その寄り道でダメだったら作業所に、よかったら普通のところに入れたいという気持ちで、カレッジ早稲田を選びました。

松井：ダウン症関係の雑誌でＵＣＬＡ（カリフォルニア大学ロサンゼルス校）の特集があり、障害のある子たちが入れる大学として紹介されていました。娘がそれを見つけて、うらやましそうでした。東京を探しましたが、当時4年制でそういうところはありませんでした。

娘の就職では、先生から一般就労をすごくすすめられました。娘はそこに行きたくなかったようですが、いつも「就職を決めろ」といわれ続けていました。

ちょうどその頃、4歳上の姉が楽しい大学時代を過ごしていました。「大学、楽しい！　夜も遊ぶ！」みたいな感じです。それを見た娘が「なんで私、お姉ちゃんみたいなのがないの？」と、うらやましそうにいっていました。

そんなときに、嶋田さんの話に出た新聞記事の話を、親の会のあるお母さんから聞いたのです。「松井さん、カレッジっていうのができるみたいだよ。行ってみたらどうかな」

その日にすぐ電話をして話を聞きに行きました。求めているものとすごく似ていました。友達との関係や、特別支援学校にはない社会科や理科にもチャレンジしていること、生きるための知恵を生かしていくという話に私は感銘して、即座に決めました。

それを学校に伝えると、それまで何とか一般就労にとがんばっていた先生が、急に冷たくなりました。「そんな、訳のわかんないところに入れていいのですか。それも九州から来るなんて、大丈夫なんですか」（笑）などといわれました。

長谷川：オープン半年前の秋から立ち上げの準備で支援教員を派遣していましたが、そうですか、先生は冷ややかだったのですか……。

松井：もちろんその後は変わりました。いろいろな人が入学しましたから……。

長谷川：突破口だったのですね。ありがとうございます。

三富：私がカレッジ早稲田のことを初めて聞いたのは、本人の口からでした。「お母さん、『学校に行かないか』って先生からいわれたんだけど……、タダなんだって」（爆笑）そこを最初に聞いたものですから……。しかも「4年間行けるんだって」と聞いてきていて、「いやいや、そんなところないから」といっていたのですが、改めて先生にきちんと話を聞くと、確かに福祉の制度を利用して実費はかからないということでした。

早稲田という魅力的な学生街であることにも惹かれました。うちも当時は姉が大学生で、すごく青春を謳歌していました。サークル活動や旅行などを楽しんだり、アルバイトでお小遣いを貯めてほしいものを買ったり……、というのを息子もそばで見ていました。だから、実習に追われる自分の先行きがなんとなくつまらないものに思えていたのだと思います。本人もぜひ行ってみたいというので、決めました。

長谷川：さっきの松井さんとは逆のパターンですね。当時、支援教員は支援学校回りもしていましたが、実はどこに行っても「はあ？」というような対応だったのです、最初は……。

三富：たぶん、大々的にはすすめていなかったと思います。私は息子が1年生の頃から「どうしてみんながみんな就職なのでしょう。早過ぎますよね、こういう子たちが社会に出るのは……」と、けっこうこぼしていたのです。特に身体も小さかったし、実習の様子を見学しても痛々しさを感じていましたから……。

長谷川：担任の先生も、1年生の頃からのお母さんの気持ちをわかっていたのでしょうね。

内海：私がカレッジ早稲田を知ったのは、購読していたニュースメールによってでした。たぶん最初に新聞に載った、立ち上げ表明の時点だったと思います。

その頃息子は、特別支援学校の高等部を卒業して地元のB型事業所に勤めていました。仕事がいやだったわけではないと思うのですが、本人は秋頃に「来年卒業」といっていました。仕事に卒業はないのですけどね（笑）。それでどうしようかと思っていたところにそのニュースを見て、一瞬「ナニ？」、でもすぐに「これだ！」と思いました。

松井：当時、カレッジ早稲田に行くといつも内海くんがいて、1人だけで授業を受けていましたね。

三富：先生と2人で大工仕事をしているとか……。

内海：そうそう、まだほかに誰もいなくて、なかもガラーンとしてて……。うちは神奈川なので、通学に1時間半くらいかかります。行き方も慣れないといけないし、生活リズムも変わるから、4月に一気に変わると本人も負担です。そこでB型事業所にも話をして、週に2日間カレッジ早稲田に通えるよう、2月頃からスタートさせてもらいました。

長谷川：そうでしたね、マンツーマンで……。棚を買ってきてつくったりもしていました。

内海：息子は特別支援学校で、「働く」ということをほとんど学べてなかったのだと思います。だから「仕事をする」ということがわからないまま、事業所で、いわれたことはするけれども、あまり楽しそうでないのが見て取れました。また、彼は学ぶことが好きなので、そういう機会がもう少しあればとも感じていました。

ですから、先生にマンツーマンで教わることに喜々としていて、息子のいいところを見て伸ばそうとしている先生たちが大好きになって、4月から正式に入学しました。

③ なかったらつくっていく世界

長谷川：当時のカレッジ早稲田は、実績もないし先輩もいない、職員もどんな人が入るかわからない、実際に毎日どんなことをするのかもわからなかったと思います。そういう不安などはなかったのですか？

松井：当時の長谷川理事長の言葉に感銘を受けていたので、ついて行こうと思っていました。

三富：私もそうです。説明会のときにカレッジ福岡などの様子をビデオで見て「うわっ、これを待っていた！」という感じでした。もっと早く……。

松井：東京にほしかったと……。

内海：だからゼロではなかったという感じですよね。

松井：思いがすごく伝わってきました。変えていこうとするものをつくってもらえるのは、すごくうれしい。自分ではできないじゃないですか。でもそれを「やるよ！」という人がいたら、それはもう何がなんでもついて行く……。

内海：障害福祉の世界って、なかったらつくっていく世界ですよね。行政がしないからといっていても始まらないので、旗を振る人について行こうと……。

松井：1期生の保護者には、そういう飛び込み型が多いですよね。

三富：子どもたちに対しても、いろいろな挑戦をさせてもらいました。自分たちでいい出したことには、いつも「やってみたら」でしたから。

松井：それがいまもすごく生きていると思います。

④ ゆたかカレッジで学んだものは……

長谷川：では続いて、ゆたかカレッジに通っていた4年間のなかで、子どもたちの成長や、親として見たゆたかカレッジのいい面や逆に不満など、率直な感想を聞かせてください。

安房：息子は決められたことをやるだけの子でした。「これをやれ」といわれればするし、「これを食べなさい」といえば食べました。

でもゆたかカレッジに来て、初めは教えた通りに都電で通っていましたが、「ちょっと長いしつらい。乗り換えをしてもっと早い行き方があるから、そっちで行きたい」というようになりました。また、お昼は「これを食べなさい」と弁当用のお金をもたせていました。それが「自分で選びたい」「食べるものを買いに行きたい」、最後は「外食に行きたい」というようになりました。

高等部までは、私が決め過ぎていたかなと思いました。みんなは自然にできるようになっていくことだと思いますが、ゆたかカレッジに通っている間に4年間かけて、自分で選択できるようになったと思います。

当然、失敗もありました。ラーメンを食べに行って、もたせていた600円で足りなかったのです(笑)。あせったと思いますが、たぶん「そこのカレッジだから……」などと説明したのだと思います。すると「行っといで」と店の外に出してもらって、カレッジに戻って先生に説明し、たぶんお金を借りて払いに行ったということがありました。

長谷川：すごい！　対応していますね。

安房：失敗ですが、たぶんいい失敗をしたと思います。そういう一つひとつが、近所のB型事業所に行っていたらなかったのではないか、そのままおじさんになっていたのではないかと思うと、若いうちに学べて本当によかったと思います。

嶋田：うちの子も集団行動がすごく苦手なほうです。1年目は少人数で先生たちの目も行き届いていて、本人がちょっと外れたことをしても「こっちだよ」と誘導するなどいろいろ工夫をしてもらって、すごくよかったと思っています。

2年目以降は後輩が来て、本人もコミュニケーションが取れないので自分を表現することができず、以前もあった暴言や暴力が徐々に悪化してきて自分をコントロールできなくなった時期があり、迷惑をかけたと思っています。同級生のみんなにも嫌な思いをさせてしまったと思います。

ただ本人は「行きたくない」ことは1日もなかったのです。「今日はカレッジ休む？」と聞いても「ううん、行く」といっていました。もしかしたら行かないといけないという気持ちはあったけれども、何をするのか本人もわかってなくて、1日ゴロゴロしているときもありました。それでも先生たちにいろいろ助けてもらい、4年間過ごせてよかったと思います。

いまの息子は、もしかしたら嫌なことは全部忘れていて、ゆたかカレッジに4年間通って楽しかったということが頭に残っているようです。

長谷川：嶋田くんはみんなに受け入れられていましたよ。絵が上手だとか、いろいろなところを認められていましたから……。

松井：娘はゆたかカレッジの卒業生ということに、いまでもとても自信をもっています。

4年間で彼女が学んだのは、別に障害があっていいし、ありのままの自分をそのまま表現していいということに気づかせてもらったことです。そして、どうしたらいいのか、どうしたらそうなっていくのかという組み立てが、自分なりにできるようになったことです。

また一番望んでいた友達関係では、自分たちでいろいろな計画を立てて、ディズニーランドに行ったりクリスマス会をしたり、そのたびに試行錯誤していました。いまはスーッと行ける舞浜駅も、初めて1人で立ったときはたぶんドキドキだったと思います。

そういうことを、カレッジでは「平日なら応援してあげられるよ。いっしょには行けないけど、何かあればここを中継点に電話ができるから」などと、どの先生も背中を押していました。飲み会1つにしても反対せずに、何でも「じゃあ、どうしようか」という先生たちが周りにいたので、娘はいまでもそれがずっと続いています。

そしてこのなかで娘は、たくさんの男の子を好きになり（笑）、たくさん傷つき、先生にもたくさん相談して、泣いていました。でもそれは、カレッジでなければ経験できなかった、すごくいい財産だと思っています。

いまでも先生たちとSNSでつながっていて、よく会ってもいます。娘の一生のなかでこんなにいい思い出はないし、またこれがずっと続いていく、すごいものをもらった4年間でした。だから、ゆたかカレッジがどんどん増えていくのを、私は応援したいと思っています。

三富：いろんなことに挑戦させてもらい、どんなことも受け入れて「じゃあやってみようよ」と応援してもらったことは、一番ありがたかったことですね。

1年目に早稲田祭に参加して「よさこい」のチームを見て感銘を受け、自分もしたいと夢中になった時期がありました。そのときに先生が先方のチームと交渉して参加できる一歩手前までいったものの、先方の事情で結局実現しなかったことがありました。

それを本人に伝えるとき、かなりショックを受けるだろうから先生からきちんと話してもらうことになり、その場には私も同席しました。大泣きするかと思ったのですが、先生たちがいろいろ動いていたことは本人もわかっていたので、「そうですか。大丈夫です。ありがとうございました」と、しっかりいえました。もちろん家に帰って泣いたのですが、きちんと大人の対応ができたところは、えらかったと思います。

その後もいろいろな企画を立てていました。企画を立てるのがすごく楽しいようです。結局できなかった卒業旅行もまだあきらめてなくて、いつか1期生で旅行に行きたいと思っているようです。だからいろいろチラシが入ると「ここはいくらだ」とか……。

松井：確かにそれは娘もやっています（笑）。

三富：ほかに移った先生も含め、先生たちとのつながりも続いています。

内海：忍耐力と覚悟でしょうか。まず彼にとってカレッジ早稲田に4年間通うことは、通学時間が長いのが大変な問題でした。途中で1回めげて、行くのが嫌になった時期がありました。「何が嫌なの？」と聞くと「電車のなか」といいます。彼は左の耳が聞こえないので、イヤホンなどで音楽を聞くのが好きではなく、景色を見るという感じでもなく、電車のなかで1時間半じっとしているのが嫌だったのだろうと思います。でもカレッジをやめたいとはいいませんでした。

それで「1回、水曜日をお休みにしようか」と、月・火曜と行って水曜は家で休み、また木・金曜に行くというパターンが3～4か月ありました。でもわりと単純なタイプで、3年になるときに担任の先生に「出て来いよ！」といわれたら「はい！」って（笑）。それで「あれ、行くの？」みたいな感じで、普通に毎日行くようになりました。

長谷川：ちょっと背中を押されると前に進めたのですね。

内海：電車が止まったこともありましたが、乗り換えができないので、ともかく待てと……。幸い大きな事故や自然災害が4年間はなく、長くても待てば動くから、ひたすら待って動いた電車に乗りました。それが忍耐力にはつながっています。

松井：やはりその時間は大変ですよね。

三富：楽しいからできたのですよね……。

内海：ほんとにそうだと思います。楽しいことが待っているからこそですね。やっぱりカレッジが楽しくて好きなんですよ。ここで勉強したり体験したりすることが、彼にとってはすごく大きな自信につながりました。

2年生になって後輩が入ってきたとき彼は一時期、しゃべれなくなっちゃったんです。いいたいけれども言葉がつながらない。それまでは、トットツとしゃべっていても理解してもらえていたのが、先輩だからしっかりしなきゃと思いながら、うまくしゃべれないあせりがあったり、プライドもあったり……。でもそれを先生たちや周りの友達に支えられて、だんだん元に戻っていきました。

松井：そういえば「2年生会議」というのをやっていましたね。1年生とのつき合い方とか……。

三富：あれも自主的にできたものでしたね。先生たちにいわれたわけではなくて……。「どう後輩を指導していこうか」なんて毎週放課後……。

内海：息子がここに通って一番よかったのは、社会は厳しいという覚悟ができたことかと思います。社会の厳しさ、仕事の大変さを3年、4年のときに徹底的にいわれたし、実習のなかでも学ぶことができて、それが彼のなかにすごく残ったことです。

4年生で就職先を決めるとき、最終的に候補が2つありました。1つは農業関係でした。彼はわりと農業が好きで、高等部でも農作業班に入っていました。種を植えて世話をして収穫の喜びを得られるのは、ダウン症のある子には向いていると思います。だから私はそっちを選ぶと予想していました。もう1つがコーヒー豆を焙煎、加工して販売するところでした。あまり作業所らしくなくおしゃれで、ちょっと仕事内容も厳しい感じでしたから、彼には無理ではないかと思っていました。最終の結論を出すとき――。彼が何かにぶつかったり、仕事がいやになったりしたときに、自分で選んだのだから、と思ってほしくて、私は何もいわなかったのですが、

「決めました。……コーヒー屋さんにします」

私は椅子から転げ落ちそうになって聞きました。

「えっ、そっちなの？　どうして？」

そうしたら彼は「厳しいから」って答えたんです。

一同：厳しいほうを選んだんだ！

内海：実際厳しいだけでなく、とても温かいところで、たぶん自分にとって本当にいい、と思うところを選べたことが、きっとカレッジでいろいろなことを体験したり、話を聞いたりするなかで、感覚としてつかんだものだろうと思います。

いま2年目になって、その選択は間違っていなかったと思っています。そういう意味で4年間、本当にいい体験ができました。

5 レジリエンスは身についたか……

長谷川：ゆたかカレッジでは、レジリエンス（折れない心）や感情コントロールを重視しています。嫌なことがあったときに、人に文句をいったり暴れたりしてふてくされたり、悲しいことがあったらオンオン泣いたりするのではなく、そういう感情をコントロールができることをめざしています。そのあたりの変化を感じたり、中学・高校までと比べてゆたかカレッジの悲喜交々のなかでたくましく成長して、嫌なことがあっても我慢できるようなったりした、ということはありますか？

三富：うちはまさに、小・中・高とケンカっ早かったのですけれども、カレッジに入ってピタッとなくなり、誰かと揉めて殴り合ったことはありませんでした。

長谷川：そうでしたね。そんなイメージは全然ありません。

三富：逆に、たとえば周りの子がケンカをしているのを止めに入っていました。自分の障害もそうだし、友達の障害も「しょうがないんだよ、○○くんはこういうことが苦手なんだよ」とか「○○さんはこれができないから、しょうがないんだよ」などと口にするようになっていきました。

長谷川：一人ひとりを捉えているのですね。すてきですね。

三富：感情コントロールはできるようになっていたと思います。あと論文発表会など、恥ずかしがらず卑下もせずに自分を表現できる場があったのが、自分に自信をもてるきっかけになったように思います。

松井：積極的になったのには、選挙がありましたよね。

長谷川：学生自治会の選挙ですね。

松井：候補者になって、自分を応援演説する人を自分で見つける。そういう普通の社会にあることをここで普通に体験できました。それがたぶん、自分たちで考える力を身につけたのだと思います。いまでも負けないのですよ、何に対しても。私は「それはちょっと無理じゃないかな」といいたくなるけれども、本人は「いや、そんなことない。できるよ。できてきたもん」と……。いい意味ですごくプラス思考だと思います。落ちたときには涙を浮かべたりもしますが、あとで「こういう意味で泣いたけど、でも自分は大丈夫。ありのままで生きるから……」みたいな、すごく長いSNSが来ます（笑）。

長谷川：そうやって自分を客観視できるのはすごいですよ。

松井：そういう力をここでつけてもらったと思います。

長谷川：いろいろな経験で本人自身が身につけた力でしょうが、やはり失敗体験も含めて成功体験があるというところですね。

安房：1年生のときの論文発表会で、まだみんなが本気になる前に息子が1番になって、1人だけ飛行機に乗って福岡での本選に行きました。自分の好きなことを話して拍手してもらって、本当に自信につながったと思います。

三富：いやいやでもあれ、おもしろかった。

長谷川：テーマが歴代の仮面ライダーでしたね。変身のパフォーマンスもあって……。

松井：グループホームに泊まった経験もすごくよかったと思います。1人で過ごしたことはそれまでなかったので、かなり成長したと思います。

内海：最初の体験がすごくその子を左右するので、初めてのグループホームは絶対にいい体験にさせないといけないという話は聞いていました。だから、お世話になってすごくよかったと思います、本当に……。

松井：ゆたかカレッジがすることは、けっこう大胆でしたから……。

三富：そうですよね、1人というのは……。

松井：ないですよね……。一番初めも先生に「君たちにはここでパソコンを1台ずつ貸し出します。自分専用ですよ」といわれて、緊張しながらもすごく喜んでいました。

⑥ 社会人として生きる

長谷川：最後に、就職してからの卒業生の様子について、大変なことやつらいこともあるかもしれませんが、それぞれ紹介してください。

安房：息子は靴店の倉庫で週3日働いています。スタートが遅く午前11時から始まって、終わりが当初午後5時まででしたが、いまは6時までです。店のみなさんにやさしく接してもらっていて、見学に行ったときも、すごくいい雰囲気でした。作業は教わればできますが、やはり人だなと思いました。

「でも1回、すごく怒ったことがあります」

と店長さんから聞きました。大きい店舗なので見学もよくあるそうです。高校生の団体が見学に来たときに、息子は女の子が好きなので、女の子の後ろでフーンと香りを嗅ぐしぐさをしてしまったようなのです。

「安房くん、僕は怒ってる。いますぐ帰りなさい。もうこれ以上やんなくていい。帰んなさい!」としっかり叱ってもらったので、本人にすごく届いて「もう二度としません」ということになったそうです。普段はすごくやさしい店長さんですが、そういうときはしっかり叱ってくださって、メリハリがあります。

長谷川:しっかり叱られないと、わからないのですよね。やさしくニコニコしていたら、叱られたと思いませんから……。「帰んなさい」といわれるのが一番いいですね。

安房:そうなのです。「帰り……ません」と、本人もがんばっちゃったみたいですが……。でもすごく響いたみたいです。いいところにめぐり会えたと思っています。

嶋田:息子はいまB型事業所に通っています。本人の足だと歩いて25分から30分くらいのところです。普通に行って嫌がらず、やるときはやっているみたいですが、やりたくないときはずっと絵を描いています。鞄の中にスケッチブックと鉛筆や色鉛筆を入れて、作業が進まないときは本当に1日中絵を描いているときもあるそうです。

長谷川：でもそこは、それもアリなのですね。

嶋田：一人ひとりのノルマがなく、みんなのがんばりですから……。仕事は、チラシ折りや封入、箱づくりなどで、その日によって違うそうです。うちの子は仕事に好き嫌いがあるようで、できる仕事はけっこうがんばってしているようですが、嫌だと思ったときは何もしていない日が続いているようです。でも、嫌がらずにがんばって行っています。

長谷川：がんばって通えているのはいいですね。

松井：娘は就職がうまく決まらない時期があり、結局いまはB型事業所に行っています。月曜日と火曜日は作業所内で封入作業などをしていますが、水曜日は就労移行のような形で外に出て、カフェで実習をしています。木曜日は作業所を休んで、一般就労のキッチンカーで弁当を販売しています。金曜日はまた作業所の仕事で、駅前に行ってパンを売っています。

人と関わる仕事が好きで、「今度カフェをつくるから、そこで働いてもらいたい」という声もかかっていて、いまその待機状態です。ダウン症の人たちが主体の、一般就労だということです。その間、カフェめぐりをしながら自分で勉強しています。

長谷川：充実している感じですね。ところで松井さんは、支援学校高等部のときに一般就労をすすめられていたから、ゆたかカレッジに来なかったら一般就労だったと思います。けれども、ゆたかカレッジを卒業して、プロセスはいろいろあったけれども結局はB型事業所に行っています。そのあたりはどういうふうに考えているのですか？

松井：本人がしたい仕事を主体に考えています。高等部を卒業するときの一般就労は、本人が望んでいない仕事でした。それよりも、就職実績を上げたいという先生の思惑のほうが、本人にもすごく見えていました（笑）。

でもいまは、自分でまだ準備期間中と思っていて、ここで終わるとは考えていないのです。「もちろん一般就労はするよ。ただ、いまはいろんなカフェめぐりをして勉強する期間だから」といっています。

そういうことを考えながらB型事業所にいるのと、ボーッと一般就労するのとでは意味が全然違います。いまは1日しか働いていない一般就労も、「こうしたら売れる」など、すべて勉強と思っているようです。いつも学びと考えるのは、きっとカレッジで教わったのではないのかと思います。

自分で選んで自分で決めるのを、私は後ろから見ているだけです。いまはカフェの仕事を待っていますが、「来ないかもしれないよ」というと「そのときはそのときで考える」といっています。

長谷川：自律できていますね。他律から自律へ――、他人が自分を律する子ども時代から、自分で自分を律する大人に変わったのですね。

松井：そうですね。本人もきっと充実していると思います。B型事業所といえども自分で主体的に行っているというところで……。

三富：息子も月・火曜日に仕事に行って、水曜日は休み、木・金曜日に仕事に行って、土日曜日は休みという、かなりいいペースで仕事をさせてもらっています。就職先は有料老人ホームで、そこで清掃の仕事をしています。

実は選択肢が2か所あり、もう1つは有料老人ホームの厨房で洗い場や調理補佐の仕事でした。

私もそっちを希望するかと思っていたのですが、本人は清掃を選びました。そちらのほうが、ゆくゆくは利用者といっしょにレクリエーションに参加したり、ちょっとしたお手伝いをさせてもらえたりするそうで、それは本人の希望だったからです。でもまだそこまで行き着いてなくて、いまのところ清掃だけですけれども……。

いっしょに働いている人たちがすごくやさしくて、親切でかわいがってもらっています。もともとおじいちゃんやおばあちゃん受けはいいのですが、たとえば厨房の調理長に「もっと食え」と大盛りにしてもらったり……（笑）。

最初の頃は、コンビニで自分の食べたいものを買って行っていました。でも料理長にかわいがってもらえるようになって、いまではほぼ毎日そこの食堂で食べています。実は金額的にもすごく抑えてあって、コンビニより断然安いのです。それまでも私は説明していたのですが、本人は「給料から食費が引かれるから嫌なんだ」（笑）と、かたくなにそこで食べなかったのです。

そのほか、卒業してから入学した後輩のことまですごくよく知っていて、先生の情報からゆたかカレッジの動きから、相変わらずのカレッジ愛がすごく、毎日のようにパソコンでホームページを見ています。「またあそこにできるんだって。ここにもできるんだって……。こんなにつくって先生足りるのかな」と（笑）、すごく気にしています。

長谷川：確かに、心配して「大丈夫ですか？」といわれています。

内海：息子が勤めているコーヒー店は本当に家庭的なところで、運営しているのはオーナー夫婦と奥さんのお母さん、それにパートの人を加えて5人です。障害がある人が20人ほど働いていますが、毎日来るのが難しい人が多いそうで、そのなかで息子は「毎日来て偉い」といわれています（笑）。ただ、オーナーさんにとってダウン症の子は初めてで、息子がどれだけ仕事ができるのかが心配だったそうです。勤め始めるとき「14時までお願いします」といわれました。でも半年くらいたつと「説明してもその場ではできないけれども、何度もくり返すなかで、できるようになっていきます」といわれ、1年たったときには「ほとんどの仕事ができるようになりました」といわれました。

一番メインの仕事はコーヒー豆の選り分けです。輸入した生豆から、傷があったり欠けたりしている豆を取り除きます。テーブルを囲んでみんなで選り分ける作業が、必ず毎日あります。最近はコーヒー豆の焙煎もさせてもらえるようになりました。

長谷川：すごいじゃないですか！

内海：もちろん時間が決まっているし、必ずサポートもついています。ほかにも、袋詰めをしたり、粉にしたものをコーヒーティーパックに詰めたりしています。そのときに、ゆたかカレッジの物流実務で習った計量が役に立っているといっていました。あれをやっていたからできたと（「へぇ～」の声）。楽しく仕事をさせてもらっています。

ただ、ほかの利用者さんはいわれなくても自分で仕事を探せるのですが、息子の場合は「これをやって」といわれないとわからない、すごく時間がかかる、「やってはいけない」といわれることをしてしまう……。

それで私も「もし何度いっても聞かないときは『帰りなさい』といってください」と伝えました。オーナーから「ラッキーって思いませんか？」と連絡ノートで返ってきましたが、「息子は絶対にそうは思わない」と返事を書きました。

息子に「『辞めなさい』っていわれたらどうする？」と聞くと「いやだ」といいますから、『帰って反省しなさい』といえばきっと心に残るので、厳しくいってくださいと、そういうやりとりをしているところです。

長谷川：嫌々ながら働いている人は「帰れ」といわれると「じゃあ帰ります」だけど、カレッジの卒業生はみんな誇りをもって働いているから、仕事は退勤時間までやりたいと思いますよね。

三富：「帰りなさい」といわれたことが「いけないことをしたんだ」という、その捉え方ができることが大事ですね。「あ、帰ればいいんだ」ではなくてね……。

長谷川：それぞれいい形で社会人として生きている話を聞くことができました。ありがとうございました。

第4章

ゆたかカレッジで教える

1 ゆたかカレッジの支援教育と支援教員

1 支援教員の資格と経験

ゆたかカレッジの支援教育は、教育・福祉の専門性と豊富な経験をもって進めています。

ゆたかカレッジの支援教員は、全体の76％が特別支援学校教諭や小学校、中学校などの教員免許を所持しています。また全体の33％が、社会福祉士や精神保健福祉士などの福祉資格をもっています。また17％の支援教員が、教員免許と福祉資格の両方を所持しています。

また前職は、教員経験者が59％、福祉現場経験者が36％です。そのうち11％は、教員経験と福祉経験の両方の経験があります。

ゆたかカレッジの支援教員募集には、全国各地から応募があるという特徴があります。ゆたかカレッジを紹介した書籍（『知的障害者の大学創造への道』『知的障害者の若者に大学教育を』以上クリエイツかもがわ、『障がい福祉の学ぶ働く暮らすを変えた5人のビジネス』ラグーナ出版など）やホームペー

図1●支援教育の所有資格

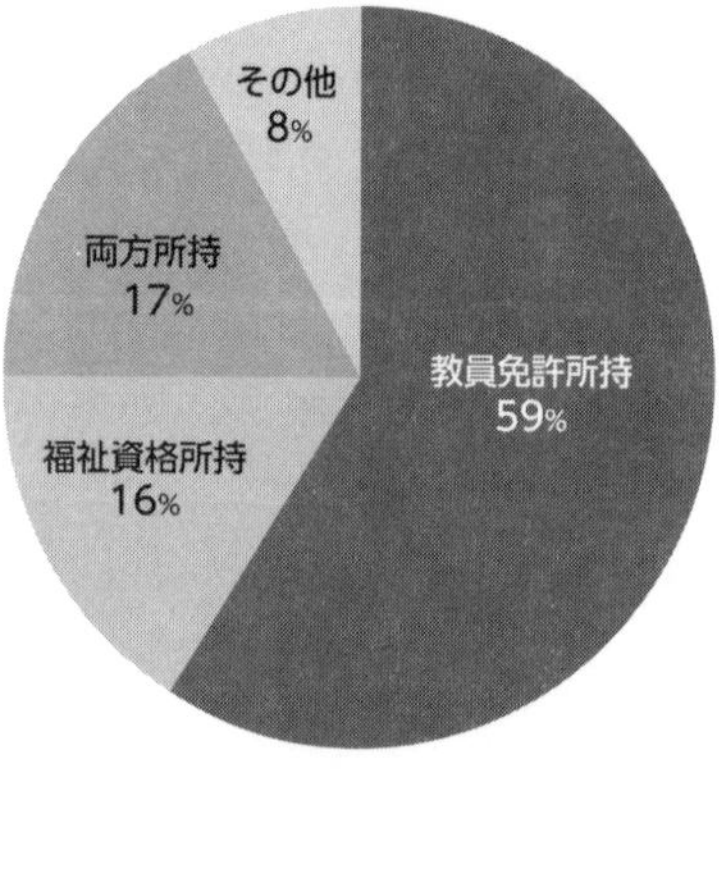

図2●支援教員の前職

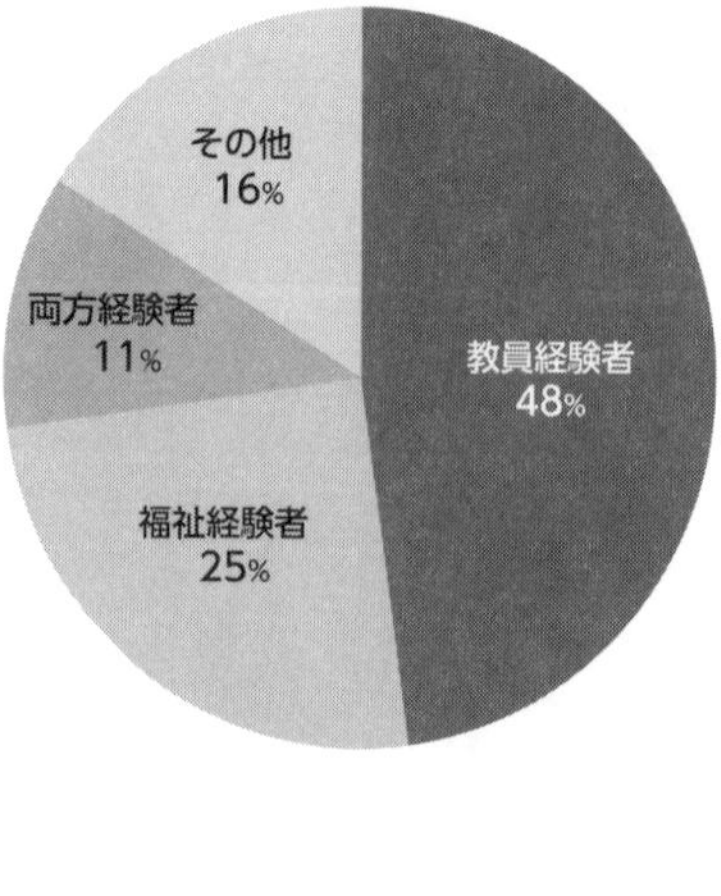

ジ、ブログ、ＳＮＳなどを見て、理念や実践に共感して応募してくる人が多いようです。

２ 福祉と教育の融合

ゆたかカレッジの支援教育は、福祉と教育双方の有資格者・経験者がチームを組んで実践に取り組んでいます。

福祉と教育は、それぞれ考え方や対象者へのアプローチ方法が異なることがあります。福祉サイドの支援教員は、学生に寄り添い、本人の思いやニーズ、ペースを基本に、できるだけ本人に負荷をかけないように教育を進めていきがちです。

一方、教育サイドの支援教員は、授業計画で設定された「本時の目標」や「ねらい」を達成しようと、本人の現状のレベルより少し高いレベルに働きかけ、成長を促そうとします。そのため、各学生に対し目標設定は同じでも、アプローチの仕方で福祉経験者と教育経験者がしばしば対立することがあります。

しかし、それらの対立は、日々の授業の振り返りの話し合いを積み重ねていくなかで、それぞれが他方から学び、相互に支援技術の向上や広がりが見られるようになります。福祉的アプローチと教育的アプローチが融合することにより、より質の高い支援教育が可能となります。

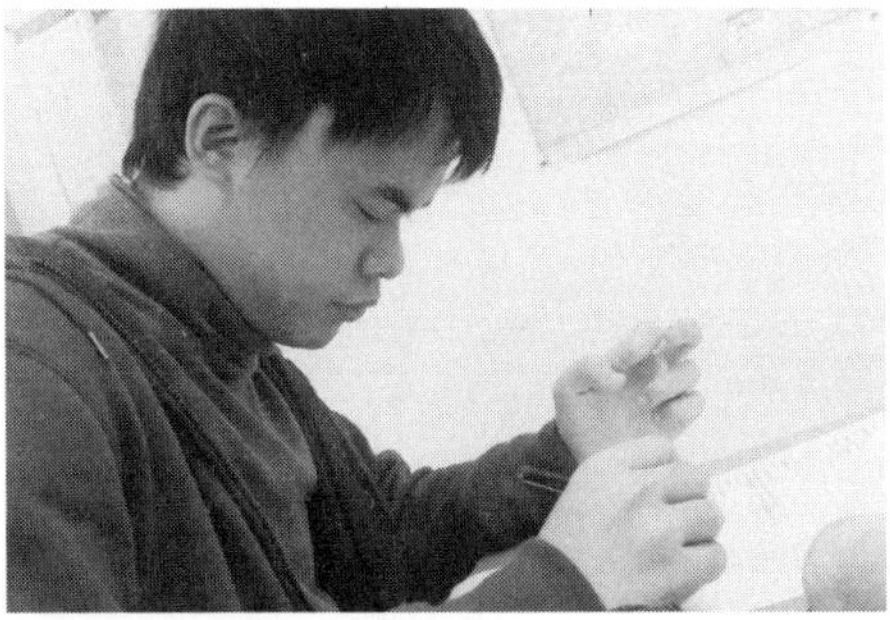

基礎学力の授業で、指を使って苦手な計算をがんばる

③「支援教育要領」を活用した充実した支援教育プログラム

２０１７年度には、それまでの6年の実践の蓄積から「ゆたかカレッジ支援教育要領」をまとめました。それにもとづいた支援教育プログラムを、すべてのキャンパスで展開しています。

また、年間授業計画にもとづく授業間連携や授業・行事連携で、わかりやすい授業づくりに留意しています。たとえば宿泊旅行に向けた授業では、「生活」を中心にして各科目を次のように連携させています。

メインの「生活」では入浴・歯磨き・洗顔などのセルフケア、スケジュール管理、寝具の片付け方、食事のマナーなどを学びます。同時に「ヘルスケア」で体調管理について、「一般教養」では公共施設でのルールやマナー、公共交通機関の利用方法について、「経済」ではお土産の予算立てや購入について、「ＳＳＴ」では緊急時の対応などについて、それぞれ学びます。そして「ホームルーム」では役割分担について話し合います。

そして、多くの授業で事前に指導案をつくっています。現場の支援教員はとても大変ですが、ねらいを定めてしっかりと授業を行っています。

さらに、「支援教育要領」は職員研修にも活用し、充実した職員研修システムをつくっています。

ゆたかカレッジ支援教育要領

2 支援教員座談会・ゆたかカレッジで教える醍醐味

長谷川（司会）：ゆたかカレッジの学生たちを支える支援教員に集まってもらいました。日頃接している学生たちや卒業生たちの話も交えながら、ゆたかカレッジで教える醍醐味について話し合いたいと思います。

まずは、みなさんがどうしてゆたかカレッジで働こうと思ったのか、という話から始めたいと思います。

1 ゆたかカレッジの理念に共感して支援教員に

篠崎：川崎キャンパスで支援教員をしています。

私は大学卒業後、青少年教育施設で仕事をしていましたが、やはり人と接しながらの仕事をしていきたいと思っていました。

その後、職を失って点々とする時期がありました。その間に熊本地震や九州北部豪雨など災害が多発し、そこにボランティアとして支援に行っていました。そこで、高齢者や障害のある人たちが困難をかかえて苦労している姿をよく目にしました。

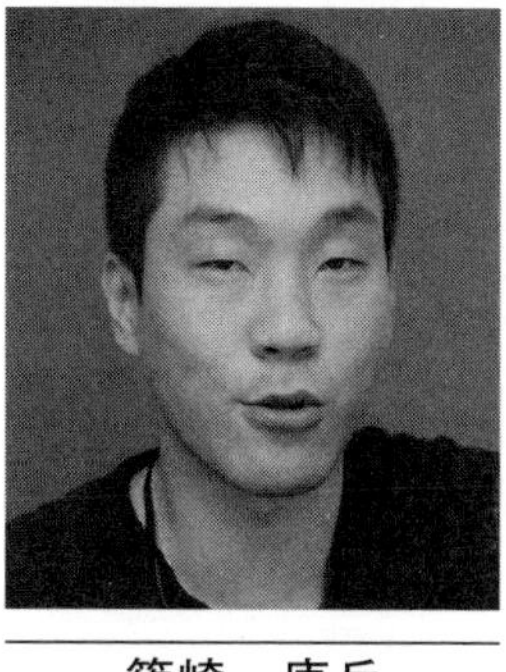

篠崎　康兵
ゆたかカレッジ
川崎キャンパス支援教員

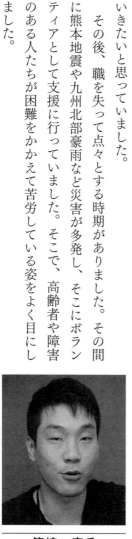

そうしたなかで職を探していて、ゆたかカレッジの募集要項を見たとき、私のもっている免許と経験を活かし、人と接しながら誰かの役に立つという、私がこれから学んでいきたいと思っていたことを学べる場として最適ではないかと考えて、応募しました。

五十嵐：早稲田キャンパスで普通科の専門課程を担当しています。

私の前職は専門学校の音楽の教員でした。ゆたかカレッジのホームページを見て、教育の目標として「人間としての魅力を成長させていく」という趣旨にとても共感したのが、一番大きな動機でした。

私は不登校の人や、いま考えれば障害だったのだろうと思える人たちとつき合っていて、彼らの発言や行動の理由がわからずブラックボックスに感じたことがありました。いろいろ勉強していくうちに、ゆたかカレッジのような興味深い世界があることを知りました。これまでの学生対応のなかで感じた気持ちと経験を活かして、ゆたかカレッジで働きたいと思って応募しました。

山本み：福岡キャンパスの支援教員をしています。

私はもともと、児童から青年期の人たちの支援にすごく興味がありました。というのも私自身、学生時代に学校や社会に不信感を抱き、学校に行かなくなった時期がありました。大学で心理学を学ぶなかで、自分が大人になったら、困っている子どもの支援をしたいと思っていたところです。

五十嵐芳樹
ゆたかカレッジ
早稲田キャンパス支援教員

社会福祉士の国家資格の学習の実習先が、当時ゆたかカレッジの設置母体だった社会福祉法人鞍手ゆたか福祉会の、小牧ワークセンターでした。そのつながりでゆたかカレッジを知り、ぜひと思って応募しました。５年目になります。

石橋：北九州キャンパスで支援教員をしています。６年目です。

私は以前、小・中学生を対象にした塾の講師を15年続けていました。転職の際、子どもが好きだから次も子どもに関わる仕事がしたいと思い、まず教員は外せないと考えていました。また私は障害児教育に興味があり、大学４年間と専攻科で１年間の計５年間、特別支援教育について学んできました。

それを活かせる職につきたいと思って仕事を探していたときに、ゆたかカレッジの募集を見つけました。そこに「どんな障害があっても仲間とともに学びたい」「青春を謳歌したい」という思いを大切にするというゆたかカレッジの理念にすごく共感したので、「ここだ！」と思って応募しました。

２ 学生の姿から感じるやりがい

長谷川：実際に支援教員の仕事を始めてからの、その魅力ややりがいについて、みなさんが感じるところを、エピソー

山本美帆
ゆたかカレッジ
福岡キャンパス支援教員

石橋正博
ゆたかカレッジ
北九州キャンパス支援教員

ド も交えながら教えてください。

篠崎：やりがいというと、私の目標である「人と接しながら」という部分が大きいと思っています。どの支援が本当に必要なのか、どういう方法が一番適切なのかを考えながら学生たちと接することができることに、やりがいを感じています。その方法を探すなかでの自分の成長が、私にとってはやりがいにつながっている感じです。

たとえば4月当初からすすめている授業で、わからないからとあきらめてまったく手もつけなかった学生がいました。くり返し学習をしていくなかで、自分から取り組もう、わからないことにも挑戦しようという姿が見られるようになってきました。もちろん本人の意志も大きいのですが、声かけや見守りの方法などを私なりに改善しながら支援をしてきたなかで見られた変化ですから、やはりやりがいを感じたところです。そして学生が成長していく、できることが少しずつ増えてきているところに、魅力を感じています。

五十嵐：学生対応にやりがいを感じます。学生は、できることに対しても、できないことや嫌なことに対しても本気ですから、私たちもそれ相応に対応しないといけないというところがあります。たとえば、普通高校からゆたかカレッジに入学した学生がいます。その学生は、高校ではクラスメートや授業のペースについていけなかったのです。自分としてはがんばっているつもりですが、テストは赤点ばかりで、「がんばってもできない」と相当自信をなくしていました。

環境変化にものすごく弱く、1、2年生の高田馬場キャンパス時代もすごく気持ちが崩れていました。3年生になって早稲田キャンパスに移り、専門課程になりましたが、初日から大泣きしていました。毎日のようにイライラしては物を投げ、私も「くそじじい」などと罵声をあびせられました。4月はそういうところから始まりました。

その学生のいいところは、日記を書いていることでした。つまり文章が書けるので、自分の気持ちをいえなくてもノートに書こうと、それに毎日のようにつき合いながら支援をしていきました。

就労移行支援ですから、数か月ごとに集団面接会が行われています。それに向けて、その学生には初めての面接練習がありました。しかし、途中から不安が募って暴れ始め、イスを蹴り倒すなどして続行不能になってしまいました。

しばらくして2回目の面接練習がありました。やはり相当イライラしていました。ただその原因が、面談会に対しての強い不安だと、それまでのつき合いで私たちにもわかります。だから「すごく不安になるよね。そうだよね、当たり前だよね」という声をかけることができます。そうした励ましのなかで、崩れそうだったその練習を何とかやり切れました。私も非常にうれしく思いました。

実はその学生は、「くそじじい」といっているからといって私のことを嫌いなわけではなく、逆に一番信頼しているということもだんだん見えてきました。そうやって時間をかけて、いっしょにゆっくりと心の成長を促していけるところに、魅力ややりがいを感じています。

山本み：学生を通して1つの青春を見られることが、私にはとてもやりがいになっています。

たとえばある女子学生は、1年生から3年生まで、いつもニコニコして周りの学生たちをすごく引っぱっていくポジティブな学生でした。ところが4年生になると、支援教員に対して「気持ち悪い」などネガティブな暴言が出てくるようになりました。保護者の話では「同居の家族が少し不安定になっていて、その影響で同じような言葉を使っているのだろう」ということでした。

私たちは、キャンパスのなかを安心できる場所にしようと取り組みました。その学生の強みは、就労の学習で「社会人なんだからこうしなきゃ」とみんなを引っぱっていくところでした。不安定なときもそこは残っていました。その時間も大事にし、できたことには「自信になったね」と称賛しながら、就職活動につなげていきました。時には支援教員への強い言葉もありましたが、それも受け止め、振り返るきっかけをつくる支援教員もいるなど、チームで取り組みました。

その結果、卒業する頃にはまたにこやかになり、就職を決めて卒業しました。いまも元気に働いています。


石橋：日々の関わりのなかで、学生の笑顔が見られるのが一番のやりがいです。何事にもすごくまじめで一生懸命、本当に楽しもうという学生の気持ちがヒシヒシと伝わってくるので、授業も授業外の雑談も、すべてが私の元気につながっています。

1期生のある女子学生は、普通高校を卒業して半年間、体力がなくて家から出られない状態でした。ゆたかカレッジの存在を知って入学しましたが、体力的に週に1回しか通えませんでした。

私たちは、まずは体力をつける健康づくりと、高校のときにいじめられたり家に引きこもっていたりしたので、キャンパスに行きたくなるような楽しい体験をして「カレッジおもしろい。もっと行きたい」という動機づけになるよう、意識して支援をしてきました。

1年生の夏頃まで週に1回でしたが、秋頃には週に2回になりました。2年生の途中頃にはずいぶん体力もついてきて、さらに来られるようになってきました。保護者にも「外に出られるようになったのはカレッジのおかげです」と感謝されました。私もすごくうれしいことでした。
4年生のときには、ほぼ毎日来られるようになりました。そのまま就労し、いまはB型事業所に勤めています。ほとんど休まずに毎日通っています。ゆたかカレッジでの変化がすごく大きく見えた学生でしたから、よく覚えています。

3 自らも学生の見方が変わってきた

長谷川：そうした学生とのやりとりや職員間のコミュニケーション、あるいは保護者との関わりなど、支援教員の仕事ではいろいろな場面があると思います。この仕事を通じて、自分自身が成長したという感覚はありますか？

篠崎：私はゆたかカレッジで働き始めるまで、福祉の知識はほとんどありませんでした。そのなかで、学生の目線に立ってものごとを考えること、1人に対しての支援ではなく全体を把握した上でその個人に対する支援をしていくべきことに気づけて、自分自身の視野も広がりました。

また、自分のことよりも相手がいまどう感じているのかを考えながら行動することなど、これまでの人生を振り返っても、自分自身が成長したのではないかと感じる部分はあります。

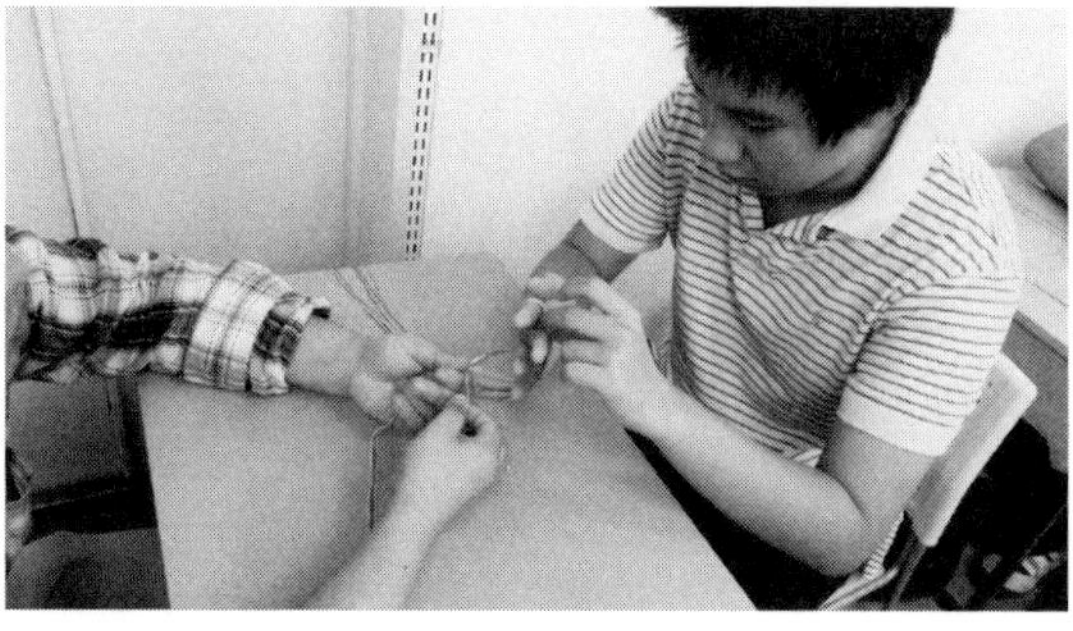

文化・芸術で組みひも作りに挑戦！

五十嵐：ゆたかカレッジで働き始めて感じたのが、全員で支援にあたっているという感覚でした。前職の専門学校では縦割りで、自分が担当する学生は自分だけがみているという状況でした。ここでは私だけでなく、ほかの先生たちもいっしょになって支援します。もしかしたら福祉的な考えだと当たり前なのかもしれませんが、私はそれがすごく新鮮で、とてもいいと思いました。

長谷川：チームでやっていますからね。

五十嵐：また、学生を見ていると、とても考えさせられることが多いと思います。学生に対していっていることが、自分に対してはどうなのかとか……。やはり学生に成長を求めるということは、客観的な考え方が必要になってくるのではないかと思っています。私はこの人にすごくいっているけれども、自分にもそういうところがあるよな……、ということも少なくありません。自分を客観的に見るのは、前よりも上手になったかもしれません。そういうところは成長と感じます。

山本み：ゆたかカレッジに入職する前、私は小学校の通級教室で自閉症の男児を1対1で支援していました。ゆたかカレッジに入職して1年目は、とにかく学生と信頼関係を結ぶことと、わかりやすい授業を心がけました。

産休をはさんで5年目のいま、まだまだですが成長したと思うのは、保護者や関係機関との調整を、以前より心がけてするようになったことです。また、卒業生の定着支援、これから就職する人の就労先の見学付き添い、あるいは相談会でアポイントメントを取るなど、自分自身としては仕事の幅が広がっていると感じています。

石橋：学生支援に対する考え方が大きく変わりました。そこが成長したと思うところです。

最初は、学生たちに失敗体験をさせないように、トラブルが起こりそうなときはその種を除いていくような支援をしていました。けれどもある研修会で「トラブルが起こったらラッキーと思いなさい。そのトラブルを彼ら自身の力で克服しない限り、彼らは成長しません。いつまでたっても支援の手が必要ですよ」といわれたのです。それを聞いたときに、自分がそれまでやってきたことは自分の安堵感のためだったのか、と思ったのです。

それ以降は、この人とこの人をペアにしたらこんなトラブルが起こるなと思っても「このままいけ！」と……。トラブルが起こったらきちんとフォローするから、トラブルバンザイで支援にあたろうと、自分の意識が変わりました。

長谷川：実際にどういうトラブルが起こって、どんなふうに解決していったのですか？

石橋：コミュニケーションが苦手で、仲間に命令口調になりがちという課題を感じる学生がいました。仲間とのグルーピングでは悩みました。あるとき、調理実習の場面で3人グループをつくり、ある程度固定して活動を行いました。最初は「あれ取って」「これ取って」という言い回しが気になったのですが、徐々にコミュニケーションを取り始めたのです。すごい変化だと思いました。初めのうち少しトラブルもあったので、トラブルのなかから成長を促すというのはこういうことだと思いました。調理で見つけたトラブルの先に成長を感じました。

④ 就職活動のなかで成長する学生たち

長谷川：4年生の就職活動では、職種を決めて職場にアプローチをし、職場見学に行ってインターンシップにつなげ、さらにはハローワークの合同面談会に行くなど、支援教員にはやるべきことがたくさんあります。そのあたりの話で印象に残ったこと、就活を通じた4年生の成長などについて紹介してください。

篠崎：川崎キャンパスにはまだ4年生がいませんが、前任のキャンパスでは就活も経験しました。最初に感じたのは、働くという意識がもてない学生が多いのではないか、ということでした。

就労を担当しながら学生を見守っていくなかで、学生も支援教員をよく見ていることに気づきました。学生の「こういう仕事をしたい」「これならできる」「これはしたくない」という要望を私たちが聞き、そのなかで本人に合った就労先を探します。それは学生も大切に思っていて、そこからお互いの信頼関係を結びつつ、私たちが見つけた仕事に対して本当に努力をしていました。

最初は「働きたくない」「働くことがイメージできない」といっていた学生も、実習のときから休むことなく、就職したいまも毎日生き生きと働いています。そのあたりは4年生としての成長かと思います。

五十嵐：就労意欲はすごく大事だと思います。3年生になった時点で意識をシフトチェンジしていくところから始まっていくと思っています。

ある年の4年生は、聞かれたことが何かがわからない、聞かれたこととまったく違うことを答える学生が多く、こう聞かれたらこう答えるというふうに1から教えていきました。

たとえば、熟語の意味がわからない学生がいました。「病院」はわかるけれども「施設」といわれると何だかわからない。「福祉」も、わかっているようで実はわからない……。実はそういう学生はけっこういます。日常会話ができるからわかっているように思えますが、聞いてみると、二字熟語や四字熟語の意味がよくわからないまま飛ばしていた、ということがよくあります。だから面接で「志望動機を答えてください」と聞かれても、その意味がわからないのです。「志望というのは、自分がやりたいと思う気持ちだよ。動機ってその理由だよ。だから志望動機っていうのは、やりたいと思う理由だよ」

こういうふうに、意味がわかるまでかみ砕く作業をしました。そのことにこの学生で気づいたので、その後の就活でも行っています。

この学生は頭の回転が早く、言葉を聞いてパッと答えることができます。それなのに会話に違和感があるのはなぜだろうと思ったのが、気づくきっかけでした。そういう要因を見つけ出して対策があてはまり、就労に向かってうまく転がり始めたときは、やはり「やった！」と思います。

その学生は、卒業していまもがんばって働いています。

山本み：ある女子学生は入学してきた頃、とても不安感が強く、見通しの立たないことに対しておびえていました。そのストレスをほかの学生にぶつけたり、暴言として出てしまったりしました。相談できるのは心を許した女性だけという、かなり限定的な学生でした。

その学生が1年生から3年生まで少しずつ行事を積み重ねながら成長していきました。4年生の就職活動では、希望していた介護施設に実習に行きました。1週間単位で、合わせると半年くらいそこの介護施設と関わりました。けれどもそこには就職できず、卒業式の時点では就職先が決まりませんでした。

でも彼女は、ゆたかカレッジでの4年間を経て、男性職員にも相談ができるようになり、すごく自信がついて、あいさつもできるようになるなどいろいろな面で成長して、チャレンジができるようになっていました。卒業後も就職活動を続け、ハンドマッサージをするA型事業所に就職できました。

就職が内定したときにすぐに電話がありました。「先生、決まったんですよ」と、とてもうれしそうでした。それが、就活を通しての成長かなと思います。

長谷川：卒業して何か月くらいで就職が決まったのですか？

山本み：5月の中旬には決まりましたから、1か月半ほどです。

石橋：北九州キャンパスからはこれまで9人の卒業生を出していますが、就職活動で大事だと思ったのは、やはり折れない心、レジリエンスでした。第一希望に受からないと、本当にかわいそうなくらい落ち込むのです。

1期生で、6〜7社を受けていずれも落ちていた男子学生がいました。彼は履歴書も、最初は間違えたら修正ペンで直し、写真も再利用していました。1、2年生の労働の授業でも「履歴書は大事なものだから、最初からていねいな字で書いて、間違えたら最初から書き直さないといかんよ」と教えていましたし、そのときも指摘しましたが、受け入れませんでした。

しかし何度もくり返していくたびに、字もていねいになり、途中で間違えたら最初から書き直し、写真も撮り直して新しいものを使うようになっていきました。就職活動の実体験を通して成長していくのだと、すごく感じました。

結局その学生は最後の最後、卒業式間際にやっと本人が希望する会社に就職できました。それが大きな成長かと思います。

5 卒業生とは〝恋バナ〟も

長谷川：みなさんは卒業生のその後、職場での様子や暮らしの様子などの話は聞いていますか？

篠崎：私は4月に川崎キャンパスに移動しましたから、卒業生の就職後の様子を見る機会はありませんでした。けれども福岡の支援教員を通じて、撮影許可を得た学生の動画を見る機会がありました。

するとと、先ほど紹介した「働きたくない」といい続けていた卒業生が、一番成長していたのです。A型事業所に就職したその卒業生は、作業スピードがものすごく早くなっていました。インターンシップ中も気分が乗らないときは作業をしなかったのです。でもそういう様子はまったくなく、「黙々と作業しています。休み時間にもほかの利用者さんとコミュニケーションを取りながら仕事ができています」という施設長の話も聞くことができました。

長谷川：どんな仕事をしていたのですか？

篠崎：スポンジの型抜き作業です。車に装着する緩衝材みたいなもので、もともと切り込みが入っている部分を1つずつ外して、失

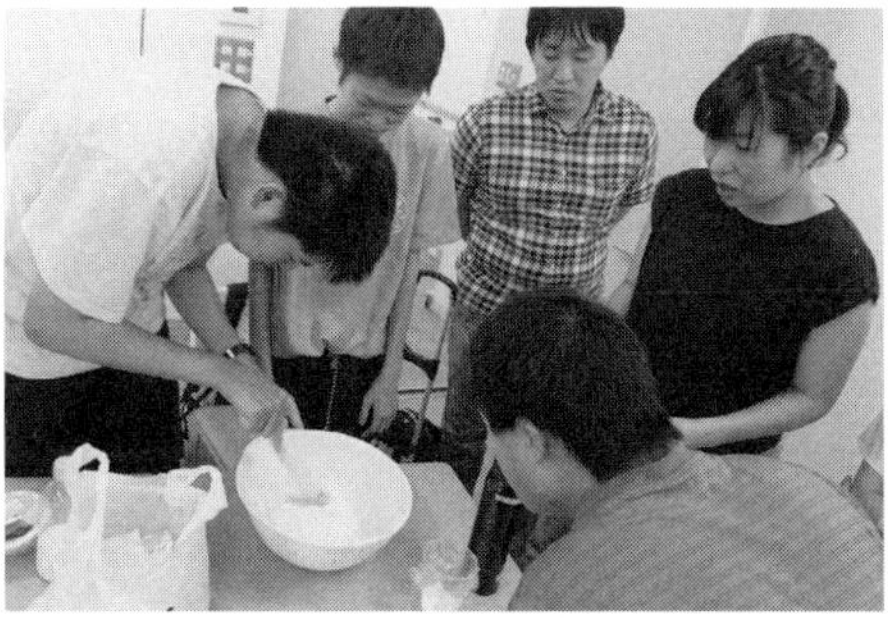

ホームルームで焼きドーナツづくりに挑戦

敗がないかを確認する作業でした。

長谷川：暮らしの部分で聞いている人はいますか？

篠崎：在学中の実習やインターンシップで「同じ職場で働く人たちとのコミュニケーションの取り方がわからない」と不安だった学生がいました。ですから、自ら発信してコミュニケーションを取ることはありませんでした。

卒業して一般就労しましたが、卒業後は私たちが毎日サポートできるわけではありません。それを感じ取ったのか、自ら発信してコミュニケーションを取るようになりました。そして休みの日に同僚と食事に行き、さらに「今度の休み、同僚と旅行に行きます」ということでした。

その人は、能力が高いがゆえに自分の障害についてもかなり理解があって、「自分はあの人たちと違うから、同じことができない」という卑屈な考えもありました。しかしいまはむしろそれを受け入れて、「相手にも知ってもらうことで理解が深まって、コミュニケーションが取りやすくなりました。いま自分で道を切り開いて、コミュニケーションを取りながら楽しく仕事ができていること自体が楽しいです」という話でした。

長谷川：自分自身で居場所をつくって、そこで人との関わりのなかで生き生きしているということですね。

五十嵐：私は、キャリアサポーターを通じて卒業生の話を聞いています。順調にいっている人もいれば、ゆたかカレッジのときに問題になっていた部分が出ている人もいるようです。

しゃべり過ぎるのがたまにキズですが人あたりがよく、クラスのなかで信頼も厚かったけれども、手作業などの能力は下から数えたほうが早い、という学生がいました。惜しいところまでいくけれども、その能力的な部分でアウトになるので、どうしたらいいかと非常に悩んでいた学生でした。

卒業して水耕栽培の事業所に行きました。一般就労です。そこはその人の能力が活かせていて、本人も落ち着いてのびのびとできているのです。そもそも気はいい人なので、職場内でもうまくやれているようでした。

またゆたかカレッジにいる間に、土曜日や日曜日に渋谷に行くなど遊び方も身につけていたので、休みの日の使い方も上手になっていました。そういう姿を見ると、とてもいい就職ができていると思います。

山本み：福岡キャンパスには卒業生がよく遊びに来ます。ある卒業生は製薬会社の事務に就職して、給料で旅行に行ったそうです。また、給料を貯めてグループホームを出て一人暮らしを始めました。そのときは「一人暮らしをします！」と生き生きと話していました。

ある女性の卒業生は、病院で看護助手をしています。もう4年目になります。周囲の人とのやりとりに頭を悩ませながらも働き続けています。以前は行政から金銭面での援助を受けていましたが「私は前の生活には戻らない。働くの。でも、ちょっとつらい部分もあるので、協力してください」といったところで関わっています。

うれしい報告を聞くこともあります。「恋人ができた

物流実務で荷物箱のピッキング作業

の」とか「同じ職場で彼氏ができたんです」などの話です。ゆたかカレッジに通っている頃は学生と支援教員という立場で、そういう話題は少なかったのですが、卒業してそれぞれ好みの人とつき合って、もしかしたら結婚するかもしれませんから、そういう話はうれしいですね。

長谷川：先生と学生ではなくて、大人同士の関係ということですね。

石橋：北九州キャンパスを卒業した9人のうち、8人は継続して働いています。1人は「合わないから」と一度辞めましたが再就職しました。だから全員が働いています。

北九州キャンパスでは毎年、卒業生を招いて「ようこそ先輩」という取り組みを行っています。在校生や保護者、オープンキャンパスに来た人たちが参加して、卒業生からいろいろ話を聞く催しです。

卒業生たちは、なんともいい笑顔で「元気です。働いています。楽しいです」という近況報告をしていました。なかには、日焼けサロンに通ったくらい真っ黒になっている卒業生がいました。聞くと「外作業です。草取りをしています」と話していました。炎天下でもがんばっている話を聞いていると、彼らはすごく我慢強いと思いました。そういうところは私も見習わないといけないと感じたところです。

また、卒業生同士で待ち合わせして遊びに行ったり、映画を見に行ったり、ハンバーガーを食べたり、そういうつながりがいまも続

卒業証書授与

いているようです。ゆたかカレッジでいい経験をした、いい仲間を見つけたと感じています。ただ少し気になったのは、卒業生たちが太っていたことです。「障害者のスポーツ団体もあるし、行っている人もいるから声をかけてごらん」といったら「かけてみます」と答えていました。

6 ゆたかカレッジの存在意義は……

長谷川：みなさんは、知的障害のある人たちにとって、ゆたかカレッジの存在意義はどこにあると考えていますか?

篠崎：特別支援学校高等部を卒業してそのまま就職した人と、ゆたかカレッジを通して就職した人の違いを見ると、やはり社会経験の違いがあると思います。

高等部から直接就職した人は、途中退職の率がかなり多いと感じる部分があります。現状のゆたかカレッジ卒業生の情報では、そういうことは多くは見受けられません。ゆたかカレッジは、社会に出たときに必要になる能力を身につけることが中心ですから、この学習をしたと職場で感じることができれば離職にはつながらないと思います。そこが、ゆたかカレッジの存在意義だと思います。

4年間を通して、社会とはこういうものだ、そこで大変なことはこれだ、いいことはこれだ、がんばればこういうこともある、というところを教える機会ではないかと思っています。

五十嵐：実際に学生にいっていることとしては、次の場所を探すための居場所、最後の学生生活をする居場所、ということがあります。

彼らがどこに行って何をするか、カレッジにいる間にきちんとつくり上げることが、卒業してから生きていくために一番必要なことだと思います。学生たちにとっては、どのような形でよりよい次の居場所をつくるための期間にするか、私たちはそのためにどういう支援をするのか、ということが求められていると思います。

なかには、うまく学校生活を過ごせなかった人もいます。そういう人にとっては、最後に青春を謳歌するチャンスだと思います。行事などのイベントやさまざまなことを思い切り楽しんでわだかまりを全部消化し、青春をやり切るための場所にもなっていると思っています。

山本み：これからの社会に必要なのは、いろいろな選択肢があっていいということだと思います。いまは定時制高校や通信制、それから高卒認定試験を経て大学に行けますが、まだその機会が保障されていない人たちも存在します。

そんな人たちに必要なのが、1つはゆたかカレッジのような制度だと思います。知的に障害がある人、精神に障害がある人、発達に障害がある人、そういう人たちが選べる選択肢として、ゆたかカレッジは意義があると思います。

石橋：私は知的障害者にとってのゆたかカレッジの存在意義として、自分崩し、そして自分探しの場かと思っています。

高等部や高校を卒業して入学した学生たちは、ほとんどが入学当初、まじめに授業を受けます。休まないし、活動にも全部参加します。でも、徐々に徐々に、さぼり始めます。休んだり、なまけたり、机に伏したり……。「僕は高校のとき皆勤賞でした」といっていた学生も、慣れてくるとだんだん休むのです。

なぜだろう、カレッジに魅力がないのか……、といろいろ考えました。でも来ている人もいるし、原因は違うだろうと思えます。結局、高等部や高校は半強制的に「学校に来なさい。活動に参加しなさい」という感じですが、そこから脱却したゆたかカレッジは彼らに自己選択や自己決定をさせる場なので、自由を与えられた結果なのではないか。これは別にいけないことではないし、正常な発達段階ではないか、と思うのです。型にはめられた自分ではなくて、本当の自分を見つけていく、そこから始まるのかなと……。

だから、自分はどういうふうに活動に参加したらいいのか、将来の見通しをもって「よしがんばるぞ」と気持ちの切り換えができるのが、ゆたかカレッジではないかと思います。

そういう気持ちの切り替えがうまくできた人は、ゆたかカレッジを卒業した後も、いろいろなつらいことも乗り切れる、本当の力を手にすることができるのではないかと思います。

長谷川：その通りですね。強制されて毎日来なければいけないのではなく、自分の意志で来るということですね。私たちも学生時代、学校を休んだり、引きこもったり、立ち止まったりをくり返しつつ、少しずつ自分を見つめながら成長してきました。そういう意味ではゆたかカレッジの学生も同じだと思います。

7 自立訓練と就労移行支援の切り換え

山本か：ゆたかカレッジの特徴として、1、2年生の自立訓練と3、4年生の就労移行支援の組み合わせがあります。特に就労では、自立から受け入れるときに、その切り替わりのところで一番ジレンマを感じているところがあるのではないかと思います。

大半のキャンパスでは、1年生から4年生という流れのなかで伸びてくるというところはあると思いますが、早稲田キャンパスと高田馬場キャンパスは、1、2年生が高田馬場キャンパスで自立訓練、3、4年生が早稲田キャンパスでの就労移行支援に変わります。そこの切り換えの苦労や、それぞれのメリット、デメリットがいろいろあると思いますが、みなさんはどんなふうに感じていますか？

山本和子
ゆたかカレッジマネージャー

五十嵐：早稲田キャンパスに来た学生は、4月の時点で不安な様子です。そこからスタートし、まずは私たちへの信頼感を得ていくことに努めます。彼らは次第に慣れていきますが、信頼構築までにふた月くらいはかかります。

その間、彼らは「ああ、高田馬場に戻りたい」「高田馬場にはあの先生がいたから」、あるいは「就労の先生はダメだ」などといっています。でも信頼関係を築けないとその先はできません。すべては、学生たちが「あ、ここにいていいんだ」「ここにいて楽しいぞ」という感覚をもつようになってからですね。

長谷川：1、2年生の高田馬場と3、4年生の早稲田は、負荷のかけ方が違うのですか？

五十嵐：3年生は、言葉づかいやあいさつなどソーシャルスキル的なところから、就労に向かっていくという意識づけがスタートします。最初は、声をかけていかないと知らない学生がほとんどです。ですから「1、2年生のときに十分楽しんだのだろうから、3年生から就労に向けてアクセルを踏んでいくよ」という感じで意識づけをしていっています。

山本か：同じキャンパスだと、自立から就労への切り換えは難しくありませんか？

篠崎：接し方を変えるのは難しいと思います。「なんで昨日まではこうだったのに、3年生になったらこうなの」と受け止める学生が多いのです。やはり「これまでは生活するための力をつけてきたんだよ。いまからあなたは就労のために働くスキルをつけていくんだよ」ということを、少しずつ浸透させていく必要があると思います。支援教員も、昨日までの自分をフェードアウトさせながら新しい自分を見せていく、というところに難しさを感じます。

長谷川：でも同じキャンパスで1、2年生の自立訓練の人とも触れ合っているから、そこがまた難しいところですね。

山本み：本当に難しいところだと思います。3年生になると授業もかなり専門的になってきます。そこで少し心が折れてしまい、しばらく休んでしまった学生もいました。けれども4年生のいまも、ゆたかカレッジは続けています。最初は「実務の授業は怖いから行けない」という思いがありましたが、少しずつ成功体験を増やしていっているところです。

福岡キャンパスには縦割りの1・2年生クラスがあり、教科担当とは別にクラス担任がいます。現在の1・2年生クラスには、若手で何でも受け止めるフレッシュな支援教員を配置しています。3、4年生のクラスは、それぞれ大ベテランの支援教員やキャリアサポーターがいます。そこでクラスの雰囲気も少し変わるような体制を取っています。

石橋：話を聞いていて、北九州キャンパスだけなのかと悩んでいたところが、みなさんと共通の思いだったとわかり、すごく安心しました。

北九州キャンパスは、1つのフロアで1年生から4年生まで、自立訓練と就労移行を行っています。いいところは、1、2年生が3、4年生を見て「あんなふうに就労に取り組むんだ」「あんな勉強をするんだ」と、先の見通しをもてることです。また、1、2年生は服装も自由ですが、3、4年生で就労の授業を受けるときは、襟付きで会社見学に行ける服装と決めています。それを見て1、2年生は「カッコいいな」とあこがれるのです。

でもほかのキャンパスと同じように、3、4年生になった学生からは「1、2年のときがよかった。楽しいことが減った」「調理がないし文化・芸術の授業もない」などの声が聞かれます。でも結局、折れない心を大事にする就職活動という壁にいつかはぶつかっていかないといけないので、「やりたいことも我慢せないかんね」とたしなめながら臨んでいます。

長谷川：座談会を通じてキャンパスごとの違いや共通点も交流でき、互いに参考になることもあったと思います。ありがとうございました。

3 学生たちのなかで学ぶ支援教員たち

支援教員らは教えるだけでなく、学生たちのなかでたくさんの刺激を受け、自らもさまざまなことを学んでいます。それらを支援教員の手記で紹介します。

1 いつも最後に帰るのは……

山崎さんの入学はほかの学生より少し遅く、入学式後でした。クラスでは、みんなと過ごすよりも１人で携帯電話を見ている姿がよく見られました。

山崎さんは下校時間になっても帰ろうとしないことがよくありました。全員が下校してからようやく帰宅する準備を始めます。何か理由があるのか疑問でした。支援教員間でも意見交換しました。すると山崎さんはみんなが帰るときに必ず「バイバーイ」と声をかけて見送っていることに気がつきました。「山崎さんにとって、帰りの時間はクラスメートとコミュニケーションを取れる大切な時間なのではないか」と、支援教員らは考えました。山崎さんはクラスメートと、本当は積極的にコミュニケーションを取りたいけれども、まだ難しい。帰り際に声をかけることが唯一の方法だったのでしょう。山崎さんが、キャンパス紙「なかま」をていねいにもっていることもそのヒントになりました。

そこで支援教員たちは、山崎さんとほかのクラスメートの間に入り、少しずつ距離を縮めて、日々のコミュニケーションがつくり出せるように努めました。さらに、山崎さん専用のカレンダーをつくり、毎朝1日のスケジュールを確認するようにしました。

スケジュールチェックを始めると、山崎さんと支援教員の会話も広がっていきました。ネイルが好きなこと、好きなキャラクターがたくさんあることなど、さまざまな話が聞けました。同時に山崎さんの笑顔も増えていきました。

これからも学生一人ひとりの気持ちや状況に寄り添い、関わりをもっていきたいと、改めて考えさせられた出来事でした。

（高田馬場キャンパス）

② コミュニケーションは言葉以外でも

ゆたかカレッジで過ごす毎日で日々感じるのは、学生にとっての伝えることの難しさです。

おしゃべりが得意に見えるけれども、言葉の使い方や受け取り方のちょっとしたずれで相手とぎくしゃくしてしまう学生。自分の伝えたいことを伝えるための言葉がわからない学生。みんなと話したくて、同じ言葉を何度もくり返してしまう学生。伝え方1つとっても、学生によって課題はまったく違います。

井上さんは、人と話すことや口で伝えることが難しい。支援教員は当初、どうしたら彼女はもう少し話せるようになるだろうか、と考えていました。すると、ある日の授業で井上さんは、自分の気持

早稲田大学を散策

ちを非常にわかりやすくきれいな文章で表しました。「そうか、話すことにこだわらなくてよかったんだ」と、そのとき気づきました。

その後井上さんは、毎日の学生日誌を書く担当になりました。日誌のやり取りのなかで、「あのときはこんな気持ちだったんだ」と、表情だけでは読み取れない彼女の気持ちを知ることができます。彼女のことをもっと知り、関係を築いていきたいと思っています。

（高田馬場キャンパス）

３ ボロボロになったローマ字表

４月頃、その学生はパソコンの文字入力はもとより、ローマ字にも慣れてはいませんでした。ほとんどの学生は自主ゼミなどで自由にキーをたたいて文章を打ち込み、それをＵＳＢメモリに保存して、次回はその続きから再開するのが普通でした。その学生には、まずローマ字に慣れるためにローマ字表をわたし、授業のたびにひたすら五十音を打つ練習から始めました。

アルファベットには大文字・小文字があり、両方覚えなければなりません。キーボードのキーはＡＢＣ順に配列されていません。小さい「つ」「や」「ゆ」「よ」はどう打てばいいのかなど、人間はつまずくたびに嫌になって投げ出したくなり、あきらめたくもなるものです。

ところが、その学生は地道な作業に弱音を吐きませんでした。ボロボロのローマ字表を常に携帯し、ついにローマ字をマスターしました。それどころか、自分の頭で考えた文章を自由に入力できるまでになっていました。最初は一本指で「あいうえお」を打ち込むのに何分もかかっていたのに、半年でそこまでできるようになるとは、正直なところ想像していませんでした。よい意味で期待を裏切られ、心の底から称賛を送り、がんばりを労いました。
その学生から、目標に向かってがんばり、達成することの大切さを再認識させられた思いです。支援教員こそ、忙しさを理由にして何かにチャレンジすることから遠ざかっていたような気がします。この学生のように、言い訳せずに何か新しいことに取り組んでみたいと思っています。

（高田馬場キャンパス）

④ 2人の学生の不思議な関係

公立中学校に長く勤めていた支援教員は、ゆたかカレッジに来て日々ますます「やりがい」を味わっています。学生たちと切磋琢磨しながら生活するなかで「障害の有無にかかわらず、すべての学生がそれぞれの豊かな人格をもったかけがえのない存在である」と改めて思い、「障害」は「個性」でしかないとつくづく感じています。

キャンパスでは毎日のようにドラマがくり広げられます。木村さんは日頃、非常に穏やかで「休日のパパ」のようなおっとりした雰囲気です。しかし、なぜか同級生の橋本さんに対してだけは、厳しい口調でその言動をとがめます。橋本さんの声が少しでも聞こえると「うるさい！」、少しでも体を動かすと「静かにしろ！」という調子です。

支援教員は、橋本さんのことが嫌いなのだと決めつけ、その都度木村さんを注意するばかりでした。次の日も同じことがくり返されました。普通ならケンカやもめごとに発展しそうですが、橋本さんは「はーい」と明るく返事をして、いつもお決まりのパターンで終わるという不思議な関係です。

支援教員もどうしたものかと頭を悩ませていました。

学院長から「あの2人は決して仲は悪くないよ。木村さんはほかの人との関わりは薄いけど、橋本さんにだけはものすごく関心をもっているでしょう」とアドバイスがありました。そういう目で見ると支援教員も、もしかしたらこれが2人のコミュニケーションで、木村さんは橋本さんのことをどうしても放っておけないのではないか、と思えるようになってきました。

とはいえ、普段の木村さんからは想像できない激しい口調のため、「注意するときは相手を傷つけない言葉づかいにしましょう」とアドバイスしました。それからは「静かにしてくれませんかね」と語尾がていねいになりました。

学生は仲間や支援教員との関わりやゆたかカレッジの活動を通して、まだまだ大きな成長を遂げる可能性を秘めています。4年間という学びの場を選択した学生たちとの出会いに感謝しつつ、ともに成長していける支援教員でありたいと思います。


（長崎キャンパス）

水族館見学

5 話さないのには理由がある

斉藤さんは、支援教員が近寄るとあまり話をしません。2、3日様子を見て話しかけてみると、少しはにかみながら話を始めました。問いかけに「うん」とうなずいたり、首を傾げる仕草で「わからない」といったりしていました。

数日後、斉藤さんから「先生、私は人が嫌いです。先生は好きだけど」と笑って話しかけられました。とてもうれしくなりました。それから支援教員には、いろいろな話をするようになりました。斉藤さんは「話しても、いっちょんわかってもらえんもん」「話すだけ無駄やもん」「年上の人は苦手」などと話していました。

彼女がなぜあまり話さないのか、様子を観察してみると、うまく伝えられずに緊張している様子が伺えました。そこで、支援教員が彼女に声をかける際に一番気をつけたことは、緊張状態をつくらないことでした。そうすることで彼女は、次から次に話をすることができました。そして、何を伝えたいのかがはっきりしないこともありますが、あきらめずにたくさん話ができるようになりました。

これからも学生たちと信頼関係を築き、傾聴する姿勢をもって、ともに考え、ともに行動し、ともに成長していきたいと思います。

（福岡キャンパス）

⑥ほんの少しの成長に気づけるようになりたい

学生たちはそれぞれ、自分の課題や目標に向けて取り組んでいます。そこに向かって少しずつ、確実な一歩を歩んでいます。そのために、長期にわたり継続して支援することの大切さを感じています。とはいえ支援教員にできることは、彼らの本来の力を引き出すきっかけづくりに過ぎません。

学生一人ひとりの成長をあげればキリがありません。

「1年前と比べると来校日数が格段に増えた」

「入室する際にノックできるようになった」
「字がていねいに書けるようになった」
「登校時にあいさつができるようになった」
「よく笑い会話できるようになった」
「相談できるようになった」
「集団の輪に入れるようになった」
「休日も家で漢字の練習をするようになった」
「道を覚え自分の力で通学できるようになった」
「自分の気持ちを伝えられるようになった」
「検定に合格した」
「新たな目標を自分で決められるようになった」

これらはほんの一部です。改めてすごいものだと思ってしまいます。

学生のほんの少しの成長に気づき、その成長をいっしょに喜び合える支援教員になりたいと思っています。時には小さな変化を気づかずにいることがあり申し訳なく思いますが、少し前を振り返れば見違えるような成長をしています。支援教員のほうが目標を立ててもなかなか成長しないのに対して、学生の見せる成長ぶりはうらやましく、まぶしくうつります。

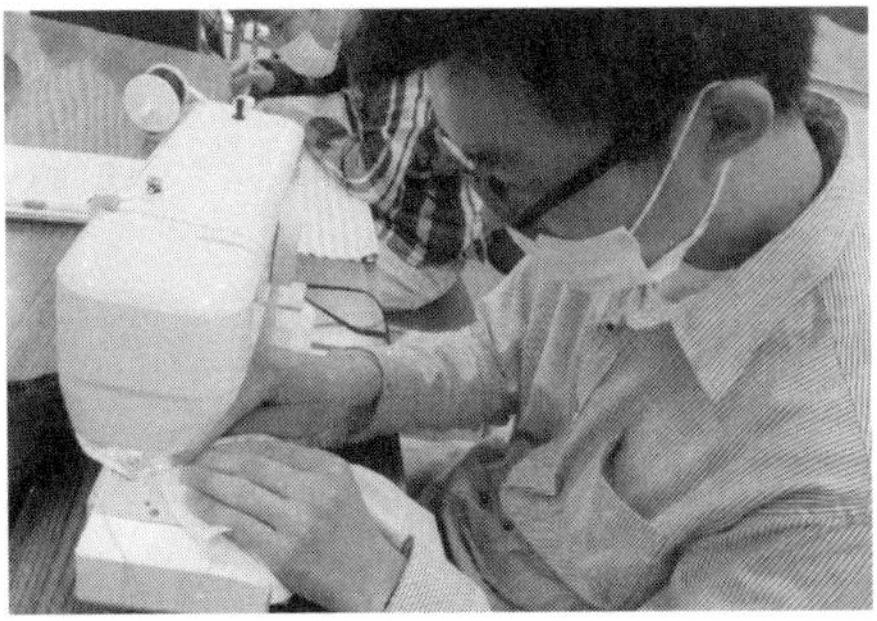

ミシン実習

誰かとではなく、過去の自分と比べてどれだけ成長したかが大事です。しかし「ゆたかカレッジ卒業＝就労」という流れのなかでは、最終的に誰かとの競争になっていきます。ゆたかカレッジで、自分に自信をもって世の中に出ていける強い心を培ってほしいと思います。

そして、わが身に振り返り、がんばらねばならない、まだまだ勉強が必要だと感じます。日々反省だらけですが、目標をもち続け、取り組み続ければきっと成長はできると信じて、改めて学生とともにがんばろうと思いました。継続する大事なポイントは、笑顔を忘れず楽しみながら、だと思っています。

（北九州キャンパス）

7 根気よく実習をくり返して伝わった手応え

特別支援学校に38年勤めた教員の退職と同時にカレッジの門を叩いた支援職員はいま、自らが「青春を感じ」「学びの喜び」や自分自身の「進化」を感じ、充実した楽しい時間を過ごしています。

林さんは数回の面接や実習を重ね、スーパーへの就職が決まって無事に巣立っていきました。明るくまじめで人柄のよい林さんは、合同面談会などで何度も面接官の前に座りましたが、たった十数分の面接では彼のよさを理解してもらうことができません。ハンディのある青年たちのよさが伝わりにくいことを、もどかしく感じることが何度もありました。

せめて実習をさせてもらえれば——。そんな思いであちこちに実習をお願いしました。冬場の朝7時からスーパーのバックヤードの仕事を体験したり、土日の混雑する映画館での清掃の仕事をしたり、林さんとその家族は本当によくがんばりました。

根気よく実習をくり返すことで「よさや人柄、スキル」などが伝わる手応えを感じました。粘り強く取り組んだ林さんの就職に、たくさんの元気と勇気をもらいました。

ゆたかカレッジで学ぶすべての学生たちの「ひたむきさ、まじめさ、やさしさ、仕事のスキル」などをたくさんの人たちに理解してもらえるよう、日々の支援を充実させ、学生や保護者にとって「充実した学び、安心できる魅力あるゆたかカレッジ」になることをめざしたいと、改めて思っているところです。

（北九州キャンパス）

第5章

座談会

インクルーシブ社会への流れとゆたかカレッジ

長谷川正人

ゆたかカレッジ学長・司会

小林　美保 氏

●文部科学省総合教育政策局男女共同参画共生社会学習・安全課障害者学習支援推進室長
●障害者の学校卒業後の学びや交流の機会整備、生涯のライフステージを通じた学習活動の充実のための「障害者の多様な学習活動を総合的に支援するための実践研究事業」などを担当。

炭谷　茂 氏

●社会福祉法人恩賜財団済生会理事長
●厚生省、自治省、総務庁（いずれも当時）などを経て1997年厚生省社会・援護局長、その後環境省に移り2003年から2006年まで環境事務次官、2008年から現職。厚生省社会・援護局長時代に社会福祉基礎構造改革を主導。

中邑　賢龍 氏

●東京大学先端科学技術研究センター人間支援工学分野教授
●2014年から日本財団と共同で「異才発掘プロジェクトROCKET」を実施し、ユニークな能力のある子どもたちに学びの場を提供してイノベーションを起こせる人材の養成など、さまざまな研究に取り組む。

長谷川：2012年4月にカレッジ福岡のオープンから始まったゆたかカレッジの事業は、まもなく設立8周年を迎えます。試行錯誤を繰り返しながらも折々に、学生たちの日々の成長、真摯に取り組んでいる就職活動、そして社会に出て一人前の社会人として活躍する姿に触れ、ゆたかカレッジの事業をスタートしたことは決して間違いではなかったと勇気づけられています。

本書の第1章から第4章までは、これまでに構築してきたゆたかカレッジを振り返ってきました。これらを踏まえて第5章では、これからの日本の社会のあり方として重要視されている「障害者の自立と社会参加」、「インクルーシブ社会の構築」において、ゆたかカレッジがどのような一端を担い得るのかについて考えてみたいと思います。

そこで、それらの分野において日本の第一線でご活躍の3名の方々とともに座談会を開催しました。まず、みなさんとゆたかカレッジとのご縁について紹介します。

炭谷茂氏は元環境事務次官で、現在は社会福祉法人恩賜財団済生会の理事長です。済生会は明治44（1911）年の設立で、全国に99の病院・診療所と292の福祉施設を運営し、6万2000人が働く日本最大の社会福祉法人です。炭谷理事長の主眼は、ヨーロッパ諸国を中心に広がっている障害のある人もない人もともに働く「ソーシャルファーム」モデルの日本への普及を通じたインクルーシブ社会の構築です。

中邑賢龍氏は、東京大学先端科学技術研究センターの教授です。主な研究は、「異才発掘プロジェクトROCKET」のほか、発達障害がある子どもたちの特殊な才能や可能性を見出し開花させることで、彼らが社会貢献者として大きく成長していくプログラムの研究開発などです。

小林美保氏は、文部科学省の障害者学習支援推進室長です。今年度も「障害者の多様な学習活動を総合的に支援するための実践研究事業」に際してその実施団体が公募され、全国でゆたかカレッジを含む21団体が採択されました。その各団体を積極的に応援しているのが、この事業のリーダーである小林室長です。

私はこれまでにみなさんと何度かお会いし、障害者の福祉、教育、就労などについて意見交換をして、多くのことを学びました。またご多忙のなかそれぞれ、ゆたかカレッジ（早稲田キャンパス）を視察していただきました。そして、ゆたかカレッジの理念、取り組み、方向性について、大変共感してくださいました。そのようなご縁で、今回の座談会への参加も快諾していただきました。

ではまず、自己紹介を兼ねて、ゆたかカレッジの印象やご意見などをお願いします。

1 知的障害者の親離れ

中邑：重症心身障害者の施設や医療型の自閉症施設に通っていたのが、私の研究のスタートでした。大学院時代に教授から、コンピュータを使って寝たきりの子どもを「しゃべれるようにしてほしい」といわれたのです。

それで彼らと話してみると、「うっ」と声が出るとか指先が動くとか、いろいろ残存機能がありました。これを電気信号に変換したらタイプライターも打てるしゲームもできます。それで野球ゲームをつくりました。

すると、その人たちが「うっ」「あっ」と声を出しながら、そのゲームに熱中するのです。「なんでそんなに好きなの？」と聞くと、不自由な発声で「これを使えば対等だ。勝ったらうれしい」と……。

これが私の研究の原点です。以来、心理学ですからカウンセリングで話を聞く方法もありますが、それよりテクノロジーで人を救うためにはどうすればいいかという研究を40年以上続けています。

いま東大先端研では多様な研究をしています。「DO-IT」という受験にテクノロジーなどを活用する研究、「異才発掘プロジェクトROCKET」という不登校傾向がある子どもたちのユニークさを引き出す研究、人工呼吸器や経管栄養などの医療的ケアが必要な人たちの残存機能を引き出す研究などに取り組んでいます。

ゆたかカレッジの活動は、大事なのに多くの人が見ていない分野だと思います。一般には、特別支援の領域に行けば「もう大学関係ないよね」と思われているからです。だから、特別支援教育から通常教育に戻る人はほとんどいません。

最近、25～30年前に私が関わっていた当時の知的障害の子たちの家を回りました。どこに行っても親と子の関係が切れず、いまも非常に近い。そして、だんだん不安になっておられる。

多くの高校生は大学に進学するとき、初めて下宿

中邑賢龍 氏

をして親から離れるプロセスをたどります。障害のある子たちにも同じようなプロセスが必要だと思ったとき、ゆたかカレッジに重なったのです。全国から下宿してゆたかカレッジに通うと……。

知的障害の子だから下宿は無理と考えるのではなく、1年でも2年でも親から離れて社会生活ができるという場に発展していくと、とてもすばらしい活動になると思っています。

長谷川：ゆたかカレッジも、福岡、長崎、早稲田の各キャンパスにはグループホームがあります。たとえば長崎キャンパスには、カレッジから遠くて通学が難しい学生たちが、グループホームで生活しながら通っていて、通学生よりも自立している感じがします。

ご指摘のように、さらに全国からカレッジに通って来るようになれば、本当にいいと思います。

2 社会福祉基礎構造改革の流れのなかで

炭谷：私は旧厚生省に入り、その後環境省に移って、最後は環境事務次官として辞めました。

実は大学に入った頃から障害者の問題や生活困窮者の問題などに関心をもち、一種のボランティア活動として東京の山谷や大阪の釜ヶ崎、あるいは障害者とともに生活するなど10年、20年とつき合ってきました。その延長線上で旧厚生省に入ったわけです。仕事とともに一貫してこうした社会活動をして、だいたい54年です。それとともに、いろいろな大学で教え、いろいろな調査や研究活動もしながら今日まで来ています。

現在は済生会にいます。もう10年を過ぎました。済生会は、私にとってまさにライフワークにピッタリです。明治天皇によって明治44年に済生会ができました。普通の病院や福祉施設ではなく、あくまで生活困窮者のための病院や福祉施設でした。今日では大きく発展していますが、そういうことを基本的な理念としています。

私は、これまで50年以上にわたって取り組んできたホームレスや元受刑者、在日コリアン、中国残留孤児、そして障害者、なかんずく重症心身障害者の問題、さらに精神障害、発達障害、このあたりに関心をもって活動をしています。

そんなとき、ゆたかカレッジの長谷川さんと知り合い、日本でも私と似たような志の人がいると大変心強く思いました。というのは、社会福祉のあり方に関する私の哲学が、ゆたかカレッジの哲学と一致するのです。

私は学生時代から、当時の社会福祉制度は根本からおかしいと思っていました。当時は、障害のある人や高齢者などは保護すべき対象とされ、命令で「あなた方は1人でいると危ないから、行政が温かく保護してあげる」と、場所も決めて「ここに入りなさい」というやり方でした。これを「措置制度」と呼んでいました。それをずっと何の疑いもなくやってきました。

福祉は本来、憲法で認められた国民の権利でありながら、こういう命令で、何の自由も与えられていない、受けるべきサービスや入るべき施設まで指定され、強制され、有無をいわせない制度は、そもそも根本的におかしいのです。

旧厚生省時代、これを変えるために社会福祉基礎構造改革に取り組みました。相当苦労しました。さまざまな団体の人に理解してもらうための交渉は160回におよびました。

初めは旧厚生省内でも反対が多数でした。でも、障害者であろうが高齢者であろうが、親のいない子であろうが、やはり自分の人生を自分なりに生きていける、個人として尊厳が守られるようにしなければいけない。保護するのは一見いいように見えても、それは1回しかない本人の人生にとっていいのかどうか、しっかり考えないといけない、ということを説いていったわけです。ですから、できるまでにおよそ3年の時間を要しました。

やはり、どんなに重度の障害者であろうが、1人の人間としてごく普通の生活をして人生を過ごすのが当たり前という、この原点が重要だと思います。それは、私が一貫して求めているところです。ゆたかカレッジの哲学は、教育から就労につなげ、1人の人間として普通の当たり前の人生を送れるようにすることだと思います。そういうことで、私と同じだと思って非常に期待をしています。そして、どうもきっかけに、私が自分の役人人生をかけて行った社会福祉基礎構造改革の成果があると聞いて、驚きました。

長谷川：実は私が福岡県の社会福祉法人鞍手ゆたか福祉会の理事長をしていたとき、アメリカに3か月の短期留学をして、小規模・少人数で生活することによって行動障害がなくなることを勉強してきました。それを日本の入所更生施設にあてはめて、グループホーム形式の入所施設を考えました。10人ずつのグループホーム3棟と管理棟と食堂棟の5つ

炭谷　茂氏

を、同じ敷地内ながら廊下などではつながず、バラバラで1つの入所施設とする、当時は前代未聞のものでした。

これを実施するために1996（平成8）年に申請しました。最初は県のヒアリングでも「こんなものは施設じゃない」と話になりませんでした。それでも申請し続けて3年目になったとき、社会福祉基礎構造改革によって、少人数の生活で地域に開かれた施設などがいいという流れに変わってきていました。県も「利用者にとって自由があっていい。今年は厚生省に上げよう」と、初めて厚生省に上がったのです。厚生省でも2年かかりましたが、2001（平成13）年に内示が下り、2003（平成15）年にオープンできたのです。

炭谷理事長と初めてお会いした際、「実は社会福祉基礎構造改革の流れのおかげで、うちのグループホーム形式の入所更生施設が認可されたんです」と説明したところ、「それは実は、私がやったんだよ」と教えていただき、私はとても驚き、感激しました。ありがとうございました。

3 実践研究事業の委託団体の1つとして

小林：文部科学省の総合教育政策局で、障害者学習支援推進室長をしています。入省してから教育やスポーツ、文化など幅広い業務に携わってきました。

これまでも、2020年東京オリンピック・パラリンピックにかかる業務で、共生社会の実現に向けたパラリンピック教育の振興に関わりました。学校施設の整備にかかる業務では、インクルーシブ教育を実現していくための学校施設のバリアフリー化が重要課題となっていました。いま行政においては、どのような分野でも共生社会がキーワードになっています。

障害者学習支援推進室は、障害のある人の学校卒業後の学び場づくりが非常に重要であることから、2017年4月に立ち上げられました。

文科省では従来、特別支援教育の振興が、障害のある人への中心的な取り組みでした。卒業後は福祉の範疇であるという認識が、おそらく無意識のうちに関係者にあったのだと思います。

しかし、国連の障害者権利条約で生涯学習の機会を確保することが強調され、さまざまな法整備の動きを受けて、文科省においても、卒業後の学びをしっかり保障していくための多様な取り組みを実施しています。

そのなかで「障害者の多様な学習活動を総合的に支援するための実践研究」事業は、学校から社会への移行期や、生涯の各ライフステージにおける効果的な学習について具体的なプログラムや実施体制を研究開発し、それを全国に普及していくことを目的に実施しています。ゆたかカレッジは、学校から社会への移行期の学びに関する取り組みを実践している、この研究事業の委託団体の1つです。

その実践研究事業の対象が横浜キャンパスの取り組みです。インクルーシブな学びを実現するた

小林美保 氏

め、相模女子大学と連携し、ゆたかカレッジと相模女子大学のある心理学ゼミの学生たちがいっしょに学んでいます。ゼミで交流しながら、自己分析・自己理解や他者理解につなげていく取り組みを、私も見学しました。

相模女子大学側の学生は、最初、自分の隣に座っているゆたかカレッジのある学生が、緊張してガクガク震えている姿に気づいて、発達障害の人にとってとても勇気のいることなのだと感じたということです。

何回かいっしょに取り組むうちに、そのカレッジ生が少しずつ変化していったということ、最終段階では、立候補により、みんなの前でディスカッションの板書をしたというエピソードを聞きました。それを伺い、インクルーシブな学びの実践の意義はまさにこういうことだと、私自身も非常に感動しました。

大学で学ぶ障害のある学生の割合は増えてはきているものの、知的障害のある人が大学で学ぶ率はまだ0・5％と、かなり閉ざされている状況です。しかし、大学で学びたい方々も少なくないと聞いています。

このインクルーシブゼミでの学びの事例は、大学での学び場づくりの検討をしていく上で、非常に示唆的で期待される取り組みだと思っています。

長谷川：このインクルーシブゼミは、一般の学生と知的障害の学生が本当にフレンドリーで、冗談もいい合っていい雰囲気だと思い、私も感激していました。

続いて、みなさんが取り組まれている内容について学びたいと思います。

4 知的障害そのものを再考する時代

1 合理的配慮とテクノロジー

中邑：私は、知的障害そのものを再考する時代に来ていると思っています。たとえば次は、特別支援学校を卒業したＩＱ60の知的障害の女性が私に送ってきたメールです。

「さっきは先生に対してきついことをいったらごめんなさい。
みんなで話をしていると、自分のなかでコントロールできなくなっちゃうんです。
それと先生の顔を見ながら話をするのが苦手な上、恥ずかしいのが事実です。少し目をそらせば話は普通にできるんですよ。
これはある意味障害のせいですか」

本人と会って話をすると「わからん」「知らん」といいます。ところがメールならこれくらいは打てます。

「なんでちゃんとしゃべんないんだ」

「先生、だって難しい言葉使うし早口だし……。わかんないから私考えるんだ。えーっと、えーっとって……。そしたら話が違うことになって、何もかんもわかんなくなって、もういいやって私が黙ると、みんなが私はバカっていう。だからおしゃべりは嫌い。メールは考えることができるし、聞くことができるし、変換ってやったら漢字が出るから、私はメールだったらいい。もしこれがあったら、私大学行けたかもしれんね」

こういう人がいます。

いま私たちは、身の周りにあるテクノロジーを「アルテク」と呼んでいます。その代表例がスマートフォンです。これ1つあれば読み書き、計算、記憶、思考など、とにかくありとあらゆるものがカバーできる時代になってきています。

残念ながらいまだに福祉のなかにテクノロジーは入り切れていません。やはり多くの人は、リハビリテーションで治すしかないと思っているからです。

図は、縦軸が能力で横軸が年齢です。上のラインがだいたいの定型発達です。下のラインの障害のある子どもは訓練しても、やはり伸びは遅い。けれども少しずつはよくなります。だからセラピストも親も「よくなったね」といいます。

けれども本人にとっては、差が年々開いていくのです。がんばっているのにできない、と思っています。ここに誰も気づいていないのです。結局時間切れになって何もできない……。だから、テ

図●テクノロジーで代替しないと追いつかない

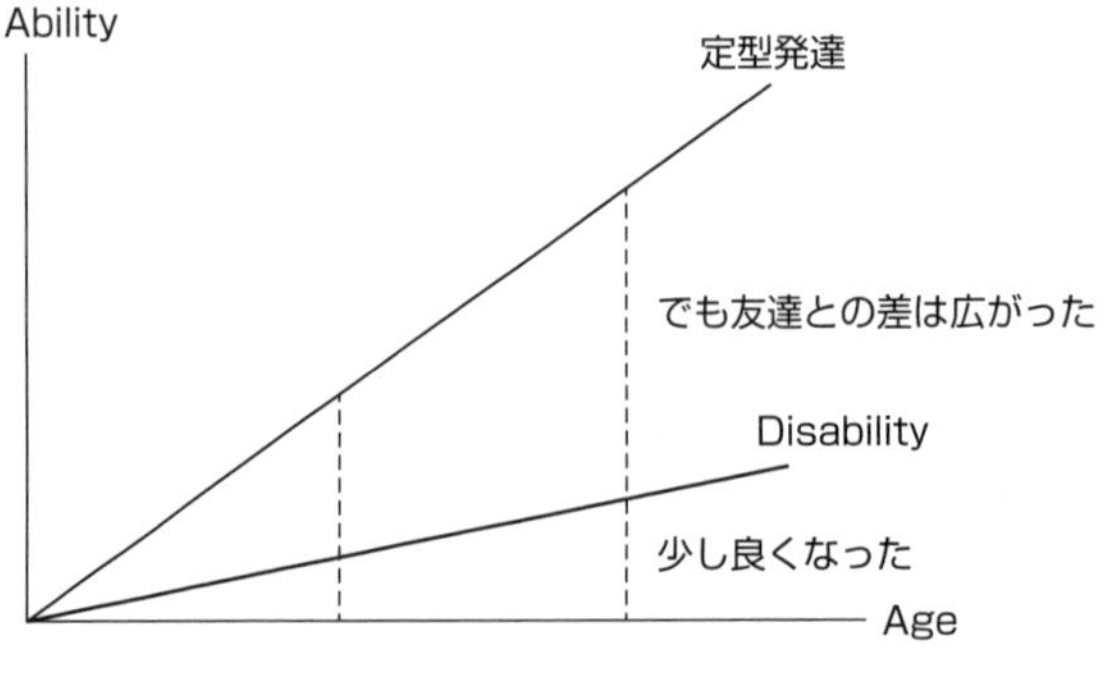

クノロジーを早期から実装しなくてはいけない、というのが私たちの理屈です。

障害者差別解消法のなかで合理的配慮が認められるようになって、テクノロジーもその1つのツールですが、主に身体障害のための方法で、知的障害のためにはほとんど使われていません。たとえば、知的障害者がスマートフォンを使って大学入試を受けるとなると、みんな「ずるい」というでしょう。しかし、これをダメだというのは「知的障害の人は一生、知的障害でいろ」というに等しい。テクノロジーを使ったり時間をかけて考えたりすれば、実は相当できる人がいるのです。

② 知的障害はIQでは線引きできない

中邑：いまは、裸能力から矯正能力に移行する時代だと思っています。この点で、医療領域で一番進んでいるのは眼科だと思います。眼科で視力といえば、裸眼視力ではなく矯正視力です。ところが小児科や精神科で、知能は裸知能です。

ＩＱはツールなしで測定されますが、スマートフォンを使って知能検査を受けてもいいのではないかというのが、私の重要な研究テーマです。

多様性理解といいながら、社会の制度は標準的な人間像を設けて、そこに近づけることが教育やリハビリテーションであるとされています。そこから外れてどうやってもうまくいかない人は発達障害といわれますが、これは個性や認知特性の差異に過ぎないと私は思っています。

そもそも軽度知的障害はＩＱで線引きできるのかというと、これはもう非常に連続的なもので難しい。だから、知的障害の概念を変えなければなりません。

私は、重度の知的障害の支援はすごく大事だと思いますが、その前に軽度の捉え方をきちんと変えないといけないと思います。知的障害とついたら特別支援教育から抜けられないし、福祉的就労から抜けられないという実態を、なんとか改善しなければいけないと思うのです。

背景には産業構造の変化があります。1960年代は一次産業、二次産業、三次産業がだいたい3分の1ずつありました。ところが一次産業、二次産業が縮小して、いま7割は三次産業であるサービス業につかなければいけないといわれています。このことは、コミュニケーションや読み書きが苦手だと、力があっても働く場がなかなか見つからないことを意味します。就労の場の多様性が失われているのです。だから、能力の偏った人には「それじゃダメだ。しゃべれるようになれ。字を書けるようになれ」という過度なプレッシャーがかかります。でもこの人たちは本来、環境さえあればもっときちんと適応できて、生活できる人なのです。

ですから、医療型モデルに立った国の特別支援教育や福祉のモデルが、いま限界にきていると思っています。

③ 超短時間雇用の取り組み

中邑：私は障害者の法定雇用率制度だけでは雇用は広がらないと思っています。しかし、1人で30時間働ける人はいませんが、時間×人数の人時間計算で1時間しか働けない人を30人雇えば同じです。「それは雇用ではない」と拒否されたことから、私たちが始めたのが超短時間雇用の取り組みです。重度知的障害や、リズムの安定しない発達障害や精神障害の人たちが就労でインクルージョンされるためには、この考え方が不可欠です。

たとえば、当時、作業所で午前9時から午後4時まで働いて1か月8000円という人がいました。彼に仕事帰りに研究室に来てもらい、15分間コーヒーカップを洗って帰るようにお願いしました。時給800円の4分の1だからと200円わたすと、1週間で1000円、1か月4000円です。

福祉的就労を私は否定しません。大事なことだと思います。それにプラスアルファを上乗せするということは、実は容易にできるけれども、みんなそういう発想にならないということです。

④「異才発掘プロジェクトROCKET」

中邑：日本財団と実施した調査で、中学生の10人に1人が不登校状態にあるという結果が出ています。これは文科省の調査データ（平成28年度「児童生徒の問題行動等生徒指導上の諸問題に関する調査」）の3倍です。文科省は正門登校や保健室登校を登校にしているからです。しかし、授業を受けていない点では不登校と同じです。いても寝ている、違う勉強をしている子も含めると、だいたいこれくらいの数字になるわけです。

それで始めたのが「異才発掘プロジェクトROCKET」です。これだけ不登校がいるのだから、不登校の特権を生かした徹底的におもしろい学びを展開しようとしています。とにかく時間制限なし、教科書なしを特徴とした学びの場をつくりました。

全国に募集するとユニークな子どもたちが集まってきました。常道から外れた彼らこそ実は、新しい創造的な人材になり得ると思っています。

いまのコンプライアンス（規範・規則）が強まった学校教育のなかで、先生たちも一生懸命やればやるほど、彼らはつぶされていきます。その彼らに何とか手を差しのべていかなければいけない。こういう人たちはやはり、非行、犯罪や引きこもりというところに結びつきやすい。学校時代にトラウマを残すのも1つの課題だろうと思います。

ROCKETプロジェクトに応募した不登校傾向のある児童・生徒の読み書きについて調査したところ、驚いたことに、その3割近くは書字に困難がありました。そのなかでも国語が苦手で不適応を起こしている子どもは8割が、書くのが苦手でした。

書字が苦手だと試験の成績は上がりません。実際に、特別支援学校の高等部に行くと、なぜ特別支援学校にいるのかというような子が多数います。聞くと「僕、バカなんだ。点数取れないんだ」といいます。できない経験、書いて評価されないことが積み重なって勉強への意欲を失っているのです。少年院では、書けない子どもの率がおそらく半分近いという調査があります。彼らへの支援がなされていないのです。

「異才発掘プロジェクトROCKET」には、学校に行っていないのになんでこんなことできるの、という相当おもしろい子が来ます。知能検査をすると、やはりボーダーの子とか知的障害の領域の子もいます。やはりIQで括られているからです。あるいは学校が読み書き中心であるがために、不適応を起こさざるを得ない子がいるわけです。

彼らのポテンシャル（潜在能力）は決して低いものではありません。そういう子どもたちを引き上げるためにはどうするかをいま、研究しています。

5 知的障害は認知機能と表出機能で括るべき

中邑：知的障害を知能検査で決めるのは、もうやめたほうがいいと考えています。実際、知的障害の定義を、日本はもっていません。基礎調査の基準に従っているだけで、知能検査だけでは決められないのです。

私は知的障害を、認知機能や表出機能で括るべきだと思っています。重度の場合は表象機能（目の前にないものをイメージする機能）と象徴機能（何かを別の何かに見立てる機能）、それと言語情報と非言語情報の理解、そして拒否と受容のサインです。軽度では、ワーキングメモリと注意というところが非常に重要だと思っています。

特別支援学校の先生も心理の専門家も、知的障害の人を目の前にして、表象や象徴機能があるかという視点では見ていません。この2つが発達してない人たちは言葉でのコミュニケーションは困難であるという前提での教育が必要です。少なくとも象徴機能が少し育ってきた子は、代替手段を教えていけばある程度育っていく可能性があります。その区別が実は非常に大切で、リハビリテーションや教育はここで分けるべきです。それがＩＱというラインで括られてしまうから、いくらやっても同じことがくり返されていくのです。

特別支援学校の教育はＩＱで括った一斉指導になっているように思えます。ＩＱでなく個々の認知能力に合わせてどう指導していくのかが1つの課題です。知的障害の人に関して、ゆたかカレッジが考えるように教育期間を延長することは、その機会をつくり出すことにもつながります。

5 ソーシャルインクルージョンとソーシャルファーム

1 ソーシャルインクルージョンの重要性

炭谷：私がいま取り組んでいるのは、新しい福祉の創造です。そのために重要なことはダイバーシティ＆インクルージョン、互いに違いを認めあって社会の結びつきをつけていくということです。

厚生省を去るにあたって２０００（平成12）年、私は「社会的援護を必要とする人々に対する社会福祉サービスの在り方について」という報告書をまとめ、日本の社会福祉はこうあってほしいという思いをそこに投入しました。その中心的な理念が、ソーシャルインクルージョンです。

１９９０年頃から、ヨーロッパでは社会がだんだん分裂してきて、地域社会が崩れ始めました。日本でも同じ頃、家族や親族が崩れて、ほとんど1人の人として生きなくてはいけなくなってきました。そうすると何らかの問題のある人たちが社会から孤立したり、社会から排除されたりしていく、そういう社会になってきたと思っています。

ヨーロッパの場合はもっと激しく、たとえば外国人に対する排撃運動が目に見えるようになって、より早く取り組みました。たとえばフランスやイギリス、ドイツ、イタリアではそれぞれ、社会的な排除や孤立の問題を解決するための法律や組織をつくりました。ＥＵはアムステルダム条約を結び、ＥＵ加盟各国が社会的排除とたたかうための国内計画をつくることを決めました。こうしてヨーロッパ全体は、国のトップがリーダーシップをもって今日まで取り組んできています。

日本もまったく同じ問題を抱えています。典型的な例は、障害者がなかなか社会参加できないことです。この社会参加は、あくまで1人の人間としてきちんと尊重されて生きられる社会かどうかが尺度です。そういう目で見て、日本はヨーロッパに比べて社会参加という面で30年以上遅れているといってきました。

また、元受刑者もなかなか社会復帰できない社会がずっと続いています。いま検挙者の48・8％（2018年度）が再犯者です。結局、なかなか社会に受け入れられないために、また刑務所に戻ってしまうのだと思います。

こういう類の問題はたくさんあります。たとえば児童虐待や引きこもりなどほとんどの問題の根底には、こういう社会的な排除や孤立があると思っています。これを解決しないことには、いくら児童相談所の職員を2倍にしようが、そこに弁護士をおこうが、相変わらず児童虐待は起こります。

本当の解決は、ソーシャルインクルージョンを日本の社会にしっかりと構築していくことだと思っています。

しかしこれは、なかなか理解されません。つまり、教育や就労、福祉などいろいろな問題が絡む総合的な政策は難しいのです。行政はどうしても縦割りで専門的にならざるを得ませんが、それを総合的に見る発想が重要だと思います。だから、ヨーロッパでは総理大臣や大統領がリーダーシップをもって取り組んでいます。

そこで、たとえば障害者権利条約もソーシャルインクルージョンを基本理念にしてつくられました。SDGs（国連が採択した持続可能な開発目標）もそうです。2020年の東京オリンピック・

パラリンピックの基本理念も、ダイバーシティ&インクルージョンです。東京オリンピックはまさにインクルージョンを推進するために行われるのですが、それが日本社会ではなかなか知られていません。いずれにしろ社会の変化は、ソーシャルインクルージョンが必要だという形で動いています。

2 ソーシャルインクルージョンを実現するために

炭谷：では、ソーシャルインクルージョンを実現するために何が重要か。どうしたら社会的な排除や孤立を防げるのか。ここが一番重要なポイントです。

これは、単なる啓発やポスターを何百枚貼っただけではできません。「人を排除するのをやめましょう」とか「差別するのをやめましょう」といっても、解決が難しいものです。

現代社会では、だいたい7割くらいは仕事を通じて人と人とのつながりができています。あとの3割くらいが学校や遊び仲間、そして親族のつながりなどです。だから重要なのは、就労、学び、それと遊び、こういう具体的なもので人とのつながりをつけていくことだと思います。

そこで私は、釜ヶ崎に行って「みんなでソーシャルインクルージョンのまちづくりをやろう」と呼びかけました。初めは10人くらいでしたが、だんだん集まって100人程度の集まりになりました。スラム街の人やホームレスの人を社会の一員に結びつけていく具体的な実践を読売テレビのカメラが1年間追いかけて、最終的には30分のドキュメンタリーにまとめて放送されました。それは私にとって大きなバックアップになりました。

また2018年には、東京都国立市でソーシャルインクルージョンを推進する条例ができました。

ソーシャルインクルージョンをすすめる上で、私は仕事に着目しています。障害者も元受刑者も引きこもりの若者も、なかなか仕事が得られません。これをどうしていくか。私は、A型事業所もB型事業所も重要だと思いますが、限界があり、不十分という気がします。一般企業がみんな雇用すれば一番いいのですが、現実には進みません。

そこで現実論としていま私が力を入れているのは「第3の職場」づくり、社会的企業です。つまり、社会的な目的を有しているけれども、あくまでビジネスを主体とした、いわば公的企業と民間企業の中間的な職場づくりです。

3 ソーシャルファーム

炭谷：いまから20年くらい前に、ソーシャルファームという、ヨーロッパで起こっている運動に出会いました。ソーシャルファームのファームは「農場」の意味の「farm」ではなく、「企業」を意味する「firm」です。これこそ、まさに問題を解決する非常にいい手法だと思いました。社会的企業の1つですが、障害者もいれば元受刑者もいればホームレスもいる、そして一般の住民もいっしょに働く。あくまで同じ労働者として、決して保護されるとか指導する立場ではない。そういう職場がソーシャルファームです。

イタリアの精神科病院の患者のためにつくったのが始まりです。それがいまでは東欧も含めたヨーロッパ全体に広がっています。障害者だけでなく、何らかの形で一般就労ができずに一般企業では勤められない人たちのための職場で、いまではもう1万社以上になっています。

たとえばオランダでは、日本のA型事業所、B型事業所にあたる従来の福祉的就労の場はいまいる人の利用にとどめて新たな利用を停止し、2015年以降の新規雇用を法律でソーシャルファームもしくは一般企業に移していっています。ドイツやイタリアもそういう形に移っていっています。

私は、日本でソーシャルファームを2000社つくる目標を2008（平成20）年に掲げました。ヨーロッパの5分の1です。現在まだ100社程度です。やはり経営を成り立たせるのが難しく、ノウハウもありません。

韓国は、私とまったく同じ時期にソーシャルファームを始めました。韓国の場合は法律ができて一気に増え、すでに2000社を超えています。やはり法律の力は大きいと思います。

日本では、2016（平成28）年に国会で超党派の「ソーシャル・ファーム推進議員連盟」ができたほか、2019年には東京都でソーシャルファームを認証する就労支援条例ができています。

ソーシャルファームは、あくまでも一般企業と同じで、わかりやすくいえばデパートで売れるものをつくっています。決して支援していただくために買ってもらうものではありません。それがソーシャルファームのねらいです。ですから今後、ゆたかカレッジの卒業生ともいっしょに取り組めれば心強いと思っています。

長谷川：ゆたかカレッジとしても、卒業生をインクルーシブな働く場に送り出していくことを指向しているので、ソーシャルファームについても、ぜひいっしょに取り組みたいですね。

現在のゆたかカレッジはインクルーシブではなく、大学の外側のビルなどを借りて運営しています。しかしこれは1つの通過点であり、大学のなかで教室を借りるなどして、一般の学生と同世代の知的障害の学生がいっしょに学んだり、遊んだりスポーツしたりするのが願いです。できるだけ早く、本当にインクルーシブなゆたかカレッジをつくっていきたいと思っています。

6 生涯学習を支援するための実践研究を通して

1 生涯学習と学びの場

小林：まず、生涯学習とは何かを考えたとき、「学校卒業後における障害者の学びの推進に関する有識者会議」の報告書（2019年3月）に、次の一節があります。

「知らなかったことを知ること、できなかったことができるようになること、そして人や社会とつながることは人間の根源的な喜びである。障害の有無にかかわらず、すべての人が、より良く生きるためにそれぞれが必要とする学習を生涯にわたって継続することのできる社会を形成していくことが必要である」

まさに、学びは人間の根源的な喜びです。さらにいまは人生100年時代といわれるなか、その人を応援し、伴走して、人生を豊かにしていくものとして、生涯学習は非常に重要だと思っています。リカレント教育などもますます一般的になってきています。

そのなかで障害のある人たち、特に知的障害や発達障害のある人たちにとっては、その機会が閉ざされている現状があります。

やはり18歳で社会に出て、家庭と福祉サービスなどの往復になって、社会との関係が限られてしまうなかで、日々の悩みを相談する場も十分なく、仕事のなかでもいろいろな人間関係などの課題が出てきたりすると、心が折れて早期に離職してしまう人も少なくありません。このように孤立する状況のなかでは、学びのニーズはよりいっそう大きいのではないのかと思います。

そうした認識のなかで2017（平成29）年度から取り組んでいるのが、障害者の生涯を通じた学習活動の充実です。国籍、性別、障害の有無などの違いにかかわらず、誰もが社会に参画する「ともに学び、生きる」の実現をめざす男女共同参画共生社会学習・安全課の下に、障害者学習支援推進室が設置されています。

2018（平成30）年度、文科省がインターネットを通じて障害者や家族に障害者がいる方4650人にアンケート調査をしたところ、日中家庭内で過ごしている人は4割ほどで、特に身体障害者にその傾向が見られました。障害のある人の学びに社会が十分貢献できていない状況がわかります。

また、日中、障害者のための通所サービスを利用している人が全体としては1割ですが、知的障害者の4割にその傾向がありました。この中には、通所先、就労先と家庭との往復となって、社会関係が閉ざされている方々も少なくないと考えます。

さらに、生涯学習の経験や今後のニーズを調査したところ、勉強方法について、自宅でしている、テレビやインターネットから知識を得ているという人が非常に多くありました。テレビやインターネットがある程度貢献していることがわかる一方で、仲間といっしょに学んでいるのではないとということもわかりました。加えて、今後はもっと公的な機関の講座や教室で仲間といっしょに学びたいというニーズが、これまでの経験に比べて高くなっていました。

この実態も踏まえて、しっかりと、そうした学びの場をつくっていかなければいけないと考えています。

2 ゆたかカレッジと大学との連携のメリット

小林：さきほど触れた有識者会議は1年で16回開催し、急ピッチで課題や方策を議論しました。めざすべき方向性が2点あります。

1点目に、今後は障害の有無にかかわらず、誰もがともに学び生きる共生社会を実現すべきだという点です。障害のある人とない人に分けるのではなく、「いっしょに」というのがポイントになっています。

2点目に、障害者の主体的な学びの重視、個性や得意分野を生かした社会参加を実現していくことです。障害のある人を単に支援される側として一方的にとらえず、その人の個性や主体性、得意分野を生かしていこうということです。

現状では、高校までは教育分野でその後を福祉分野が引き継ぐような形になっていますが、障害福祉サービスのなかで学びを保障している事例もたくさんあります。そうしたなか、教育と福祉と労働の各分野の連携が重要であり、また国や地方公共団体、特別支援学校、大学、民間団体などで取り組んでいるそれぞれが役割分担したり連携したりして、多様な学びの場づくりを推進していくのが、大枠の方向です。この考えにもとづいて、いま文科省で取り組んでいるところです。

また、2018年度から2021（令和2）年度まで3年間かけて実施しているのが、「障害者の多様な学習活動を総合的に支援するための実践研究」事業です。

障害者の学びの場が圧倒的に少ないなかでも、これまで、さまざまな団体が志をもって取り組んでこられた事例が全国各地に点在しています。2019年度は、これらの団体のうち、北海道から九州まで全国21か所の自治体や社会福祉法人、NPO法人、保護者の会、大学などが委託団体となっています。そのなかでゆたかカレッジの取り組みは、学校卒業後の社会への移行期です。相模女子大学との連携などで成果が見えてきており、今後は課題も整理できればと思っているところです。

取り組みのなかで、障害のある学生のメリットとして、仲間と交流してコミュケーションなどが取れるようになったり、自己理解、他者理解というところに結びついていったりする一方で、大学側へのメリットもあることもわかります。大学生たちも、それぞれ生きづらさや悩みを抱えています。交流で自己開示したり自分を分析したりしている取り組みなどを通して大学生も変わっていくプロセスを、非常に意義深いと思っています。

長谷川：知的障害の学生たちは自分が何のオタクなのかなども堂々と話すのですが、いまの大学生は友達同士でもそんなに深くは自分のことを語らないようです。それがあのゼミのなかでは生き生きと話していました。

そういうインクルーシブゼミを毎月積み重ねてきました。本当に自己開示ができるようになって、それを周りの人が共感的に受け止める。深刻にではなくポジティブに突っ込んだり、共感の返事をしたりして、お互いに語りやすい空気をつくっていました。それは、もしかしたらそこに知的障害の彼らがいたからこそ、そんな雰囲気になったのかもしれないと思います。

学生たちの感想にも「またやりたい」「来月も会いたい」などポジティブなものが多く、本当にすごい実践だと思っています。こんな機会をいただいた文科省に感謝しています。

7　インクルーシブな職場と公平性

中邑：いま社会に出て行く知的障害者もけっこう増えてきましたが、学校卒業後にすごく孤立しているという大きな課題があります。これは実は、不登校の子どもたちとほぼ同じ状態です。職場で話が合わないのです。この部分をどう吸収していくのかは、インクルーシブ社会の構築においてすごく重要だと思います。

ある不登校の子どもが相談に来ました。その子はトリュフが大好きです。

「僕、友達できないんだ。トリュフをもって行ったって臭いっていわれるし、お話ししても、お前その話しかしないからダメだって相手にされない……」

そういうときはだいたい「あきらめろ。君には友達なんかできない」といいます。そしてこう続けます。

「君は狭い学区で生きる人間じゃない。君の校区には君の友達はいない。だけど日本全国なら20人か30人はいる。世界になら何千人かいる。君はグローバルに生きる人間なんだ」
それが実は「異才発掘プロジェクトROCKET」のポリシーです。つまり、趣味が通じる人たちを集めていくと、すごく盛り上がるのです。そして、こういうコミュニティのなかに1回入ってしまうと、学校に行き始める。なぜかというと「俺、友達いるし」と……。もはや、学校には友達がいなくても気にならないわけです。

この考え方は、障害のある人たちのインクルージョンに使えると思っています。たとえば先の相模女子大学の例でも、仮面ライダー好きでつながっていくとすると、たぶんその大学だけでは足りない。もっと広い枠のなかでそういうものができていくはずです。

これが、私たちの「スクール・オブ・ニッポン」構想です。全国の自治体に地域の特色ある教室を1年に1回、1週間開催してもらうわけです。たとえば北海道で「昆布好き集まれ」のプログラムがあれば全国から昆布好きが集まって楽しく話しながら学べます。それが子どものもう1つの学校になるわけです。

私たちもいろいろな人たちを雇っていますが、その人たちといっしょに働くときに何が問題かというと、公平性をどう担保するのかです。やはり同じ時間働いても能率は違いますから、障害のある人とない人にどうしても差が生じます。これをどうするか……。

いまのやり方としては、障害があっても働ける障害者をそこにインクルージョンすると、同じレベルなら問題ないという考えが1つあります。私たちは、それは真の意味でのインクルージョンではないと思っています。私は、ピラミッド型の雇用ではなくて、ハブ型の雇用こそが重要だと思っているのです。マネージャーが1人でという……。

私の研究室では、忘年会や新年会、歓迎会などはまったくしません。みんな嫌だからです。するとしたら2~3人の気の合う人だけ。その人たちは2時間働く人もいれば3日働く人もいて、バラバラです。バラバラな人たちが同じ場で同じ目的に向かっていながらも、同じにはしないことが大事と思っています。

実際にヨーロッパや日本のソーシャルファームのなかでは、そのあたりのバランスをどういうふうに取っているのでしょうか?

炭谷：たとえばソーシャルファームで、一般の労働者の就労能力が100%、就労能力が足りない人たちは60%だとすると、その人たちが同じ条件で働く場合に一番わかりやすいのは、給料をどうするかです。

ヨーロッパでは、これを公的に補填しています。たとえばオランダは、みんな同じ賃金です。60%しかない人の差額40%は公的に補填して、それを雇用主にわたしています。時間がたって就労能力も60%から少しずつでも伸びていけば、その分の公的負担は減らしていっています。こうして、どんな人でも一般の労働者と同じような形で働けるようにしているのがオランダ方式です。

イタリアでは、労働の種類によって給料が決まっています。それは、一般の労働者であろうが障害者であろうが同じです。この規定はソーシャルファームまで適用されます。そういうやり方で合わせています。給料についてはかなり公的に関与していて経営者にとっては負担ですが、これで潰れるところはありません。このあたりは、日本の私たちも勉強していく必要があると思います。

それから現実論として、当事者がソーシャルファームや一般企業で働く場合、特に精神障害の人は、服薬をしつつ病気とつき合っていく場合が多く、発作が起こったときの対応は常に必要です。私たちのソーシャルファームでは、看護師でなくてもそれに熟達した人がいて、様子がおかしいと思ったら配慮して別室でしばらく休んでもらうようにしています。そういう配慮はやはり必要です。元受刑者は発達障害などがある人がいますから、そういう面での配慮が必要ですね。

一般企業で雇用を躊躇するのは、そういうことに対する手助けがないところが大半です。それがあれば十分雇えると思っています。

長谷川：確かに、法定雇用率を満たすために身体障害、知的障害、精神障害のどの障害の人を雇うかというと、身体障害の人は物理的にトイレを広く障害者仕様にするとか段差をなくすことで雇えますが、知的障害や精神障害の人は心理的バリアフリーというか、心のサポートが必要で、企業としては受け入れるハードルが高いのかと思えます。

炭谷：たとえばチョークをつくっているある会社では、たくさんの知的障害者が働いています。私も見学しましたが、ほかの労働者も十分わかっていて手助けしています。そのように、配慮するのが当たり前になっていくと思います。

8 特別な才能を生かすアイデア

中邑：障害のある人たちはどうしても、能力はデコボコです。実際に「異才発掘プロジェクトR

OCKET」に来ている子どもたちも、一般の働き方には向かないかもしれません。知能とは関係なく、興味関心がピンポイントな人たちは、とてもいまの会社では働きにくいと思います。

そういうことを考えると、公的な障害者の派遣会社のようなものがあったらどうだろうかと思います。月曜日はこの会社、火曜日はこの会社と、これでも十分一般のなかに入っていける。それくらいのほうがお互いにストレスがないと、最近強く感じています。そういう取り組みは何かありませんか？

炭谷：それはおもしろいですね。ソーシャルファームでそういう派遣会社をつくって、いろんな人物をたくさんプールしておいて、希望のあった会社に応じて派遣をしていくのは、ビジネスとしても、彼らは特別の才能を生かしていく点でも、十分成り立つと思います。いいアイデアだと思います。

私は今日、ダイバーシティとシンクルージョンの話をしましたが、この認識をもっと広げなくてはいけないわけです。そのためには、やはり対象になる当事者たちが実際に日本の社会で活躍している現場を見ることだと思います。そうすれば、これがダイバーシティであって、これがソーシャルインクルージョンだということが理解されると思います。

9　テクノロジーでこそ見えるものがある

中邑：寝たきりの重症心身障害児で、「〇〇ちゃーん」と声をかけてもまったく反応がないという子たちはたくさんいます。結局、この動きが「はい」だと信じてコミュニケーションしているけれども、それしかないという状況です。それは親としてもしんどい。だけどこの子のもとを離れるわけにはいかないと……。

よく批判は受けますが、私たちは一部の重度な子どもの子育てにはロボットもいいといっています。実は動きを可視化する装置をつくっています。たとえば、表情が変わるとアメダスのように赤くなるものなどです。本当に微細な動きは、カメラでなければわかりません。

最近、ほとんどの重症心身障害児は動いていないように見えて動いているとわかってきました。たとえばある子は、ずっと口の周りがモグモグ動いていました。ところが音楽が流れて10秒くらいすると、それが止まるのです。音楽が止まって20秒くらいするとまた動きます。これは、赤ちゃんの指しゃぶりのように自己受容感覚を楽しんでいると思われます。外部の刺激でそれが変化します。音楽では消えるが振動では消えない、まひのあるところを刺激してもまったく反応がないなど、丹念に見ていくとわかるようになってきたのです。

とはいえ、この子の動きに合わせて人間がタイミングよく反応するのは、まず無理でしょう。だから、ある程度やり取り関係ができるまでは、テクノロジーを介在させていく必要があると思うのです。

実際にこういう子どもたちはほとんどが寝たきりで、チャンネルの変わらないテレビの前にずっと寝かされている状況などを考えると、何らかの介入が必要になると思っています。重度の知的障害の子どもでもそうです。やはり何かテクノロジーを介すことよってわかってくるものがあると思っています。

それに加えて保護者の問題を考えていくと、働けないことがやはり家庭内のストレスにつながっていると思います。年齢が上がれば上がるほど「私が死んだらどうしよう」という不安につながっていきます。

そういう状況を考えても、今日紹介した研究や取り組みのなかに、こういう重度の障害者の保護者も組み入れられていくといいのではないかと、最近は感じています。

長谷川：これからＩＴの可能性は大きいですね。ずっと見て観察してもわからないけれども、機械を通すとその微妙な変化も把握できるというのは、可能性を感じますね。

中邑：可視化すると誰もが「ああ、そうですね」と、ある程度の理解も可能です。人間の勘だけだと、あの人はわかるけどこの人はわからないということになります。実際にチェックすると、まったく捉え方が違うのがわかります。

あるとき、お母さんの「私の声のときだけ違うってみんないうんだけど、私にはわからないのよね」という話でこの装置を試したことがありました。お母さんが声をかけたときの反応と、周りの人が声をかけたときの反応を見ると、明らかに違いました。お母さんも驚いて「ああ、うれしい」と……。それだけでも、安心して子どもに関われるということにつながっていると思います。

炭谷：やはりロボットも積極的に使っていくべきですね。もちろん介護者の労力の軽減にもなるけれども、むしろ当事者の能力を向上させるとか、そういう面で非常に期待できますね。

10　インクルーシブな学びへ

長谷川：最後に、ゆたかカレッジに期待することなどがあればお願いします。

中邑：特別支援教育に行ったらもう進学はないという社会を変えていくところに期待しています。私たちも基礎的なデータを取って、いっしょできればと思います。

炭谷：ゆたかカレッジの現在の取り組みは、日本の福祉の殻を破っていく試みだと思います。障害があってもそれぞれの個人の尊厳が尊重され、それぞれの能力が十分生かされる、その人の1回しかない人生を実りあるものにするという試みです。そして、ゆたかカレッジの卒業生がソーシャルファームで働く日が実現することを期待しています。

小林：今日の座談会で、私たちの行政のこれまでの発想を超えていかないと限界があると感じ、示唆的でした。今後も大学との連携によるインクルーシブな学びが、ゆたかカレッジの学生だけでなく大学へのメリットや社会へのメリットなどをどのようにもたらすかを整理した上で、今後の学びの場の拡大につなげていきたいと思います。ご協力よろしくお願いします。

長谷川：とても充実した座談会ができて大変勉強になりました。

みなさんのお話は、まさにこれからの知的障害者を取り巻く環境が大局的にどのような方向に進みつつあるのか、そのなかで知的障害者の人生がどのように変わりつつあるのかという点で、とても明るい将来展望になります。

ゆたかカレッジとしても、そのような2020年代を見据えながら、知的障害者の高等教育保障への展望も考えなくてはならないと思いました。

本日は貴重なお話をどうもありがとうございました。

コラム

文部科学省「障害者の多様な学習活動を総合的に支援するための実践研究事業」

――委託事業の結果について

小林　靖（ゆたかカレッジ横浜キャンパス学院長）

ゆたかカレッジでは、文部科学省から「障害者の多様な学習活動を総合的に支援するための実践研究事業」を受託・実施し（本章座談会参照）、本書編集の最終盤の２０２０年３月に事業終了を迎えました。

この事業では、一般学生と知的障害学生がともに学ぶことの意義と「インクルーシブな学び」創成につながる成果を上げることができました。知的障害者の高等教育保障への道につながる有意義な取り組みでした。

1　横浜キャンパスと相模女子大学との連携・協働事業

この実践研究は、ゆたかカレッジ横浜キャンパスと相模女子大学との連携・協働事業としました。事業名を「共生社会の実現に向けた、知的障害者等への生涯学習プログラムの実践研究～大学との連携による

『インクルーシブな学び』創成の試み〜」とし、2019年5月24日から2020年3月10日までの約10か月間にわたり、小林靖ゆたかカレッジ横浜キャンパス学院長、川口信雄ゆたかカレッジ顧問、日戸由刈相模女子大学人間社会学部教授がプログラム開発と遂行を担当して取り組みました。

具体的なプログラムは、①インクルーシブゼミ（相模女子大学にて）、②インクルーシブ出前講座（ゆたかカ

表1　インクルーシブゼミ

第1回	5月24日	オリエンテーション	相互理解・共感関係の形成
第2回	6月21日	構成的エンカウンター	相互理解・共感関係の形成
第3回	9月27日	ピアヘルピングとは	傾聴スキルの習得
第4回	10月25日	当事者研究とは、グループワーク	自己開示とふりかえり
第5回	11月 8日	グループワーク	自己開示とふりかえり
第6回	11月22日	プレゼンテーション制作	当事者研究のまとめ
第7回	12月 6日	プレゼンテーション	当事者研究の発表

表2　インクルーシブ出前講座

第1回	7月16日	Bクラス	「感情の心理学〜ロールプレイで感情あてゲーム〜」	相模女子大学教授（臨床心理学）
第2回	7月30日	Aクラス		
第3回	8月6日	Aクラス	「音楽療法〜楽器演奏と即興作詞で音楽を体感する〜」	音楽療法の専門家
第4回	8月6日	Bクラス		
第5回	8月20日	Aクラス		
第6回	8月20日	Bクラス		
第7回	8月23日	Aクラス	「セルフアドボカシー〜さいころトークで自己開示〜」	相模女子大学准教授（障害者福祉・ソーシャルワーク）
第8回	8月23日	Bクラス		
第9回	9月17日	Bクラス	「小さな哲学入門〜わたしってだれ？じぶんってなに？」	相模女子大学准教授（哲学・倫理学）
第10回	1月22日	Bクラス		

表3　インクルーシブキャンパス講座（さがみアカデミー）

第1回	9月21日	「生き物大好き！私のペット遍歴」	小学校校長
第2回	10月26日	「もうすぐ必修化、プログラミングを楽しく学ぼう」	小学校教諭
第3回	11月22日	「秘伝！　コレクション整理・活用術」	中学校教諭
第4回	12月21日	「鉄道を見るマニアの目・プロの目」	大学教授
第5回	2月 1日	「感情を生み出す“脳の不思議”」	大学准教授

レッジ横浜キャンパスにて）、③インクルーシブキャンパス講座（相模女子大学にて）の3つの柱で構成し、これらを通じて「共生社会の実現」を目標に掲げました。

これら3つの学習プログラムの試行を通して、知的障害者等（発達障害者を含む）が生きる力を確実に高め、個々の人間力を高めることで、自己実現を果たしていきます。インクルーシブな学びは、彼らの将来の就労生活を豊かにし、共生社会の実現に貢献できると考えています。

3つのプログラムにもとづく具体的な取り組みは表1～3の通りです。

インクルーシブゼミでは、ゆたかカレッジの学生が相模女子大学に出向き、同大学の人間心理学科の学生とともに年間7回、ゼミナール形式で「当事者研究」を行いました。

インクルーシブ出前講座では、大学などの教員をゆたかカレッジに派遣し、各教員の専門分野を活かしたテーマでわかりやすい講義を中心とした授業（講座）を、年間10回行いました。

インクルーシブキャンパス講座（さがみアカデミー）では、知的障害者が興味をもち関心が高そうな講座を年間5回設定し、障害の有無に関係なく一般市民（若者）に向けて広く参加を募り、参加者がともに学ぶ機会を設けました。

2　一般学生と知的障害学生がともに学ぶ意義を証明

この実践研究事業は、大学で一般学生と知的障害学生がともに学ぶことに意義があることを証明しました。具体的な成果は次の4点にまとめることができます。

①ゆたかカレッジの学生にとって、同世代の若者とのコミュニケーションがスムーズになりました。

②ゆたかカレッジの学生と相模女子大学の学生が、双方とも自分のよさや苦手な部分などを発見し、自

分のことを他者に理解してもらおうとする態度が育ってきました。

③一般の大学教員らが知的障害者に対して理解を深め、知的障害者の学びの可能性を実感することができました。

④「さがみアカデミー」という若者のための魅力ある公開講座に一定の参加者があり、かつ参加者の満足度の高さから、学びの機会（生涯学習）のニーズの高さが示唆されました。

1年間の交流を終えたゆたかカレッジのある学生は「みんなの悩みを聞いて『確かに!』と思えたり、見た感じだけではわからない意外な趣味をもっていておもしろいと感じたり、自分自身がインクルーシブゼミを楽しいものなんだと思えることができました」と感想を述べています。

また、ある大学生の感想には「自分の好きなことはいくらでも書けるのに、得意なことはほとんど思いつかないことに気づいた。カレッジ生は得意なことをたくさん見つけられてすごいと思った。自分も自分の得意なことを見つけられるように努力しようと思った」とありました。

現代社会では、大学生も言葉にし難い困りごとや不安を抱えるようになってきています。自分の困難を表現する言葉をもたず、原因もわからないまま社会に出ると、苦しい状況に追い込まれます。つまり、大学生にとっても「自己理解」の深化は必要です。「自己理解」は対話のなかでこそ生まれます。ある大学生は対話の大切さについて次のようにふり返っていました。

「自分のことを話すことを通して『話してみるものだな』と思った。何について話そうかと悩んでいるときに『こういうこと?』とか『例えばこういうこととかあった?』などといっしょに考えてくれたり、『こういう風にしてみたら?』とか『こういう解決策もアリじゃない?』などと言ってくれたり、『わかる!』などと共感してくれたりして、まるで自分のことのように考えてくれていると思えてうれしかった。それらは私が話していなければきっと得られなかった言葉であるため、とてもよい時間を過ごすことができたと思う」

3 得られた「ともに学ぶことでともに変わった」という実感

本実践研究は、知的障害者等の高等教育を考えるという意味では、ある一定の成果を出せたのではないかと自負しています。なかでもインクルーシブゼミは、全国でも初の試みになったのではないかと思います。単に時間と場を共有するだけの交流ではなく、双方ともに当事者研究として成果を出せたことは、今後の共生社会の実現に寄与することになったと考えています。

2月に、相模女子大学の学生がゆたかカレッジにボランティアで来たときのエピソードを一つ紹介します。カレッジの授業が終わった後で、カレッジの学生が「ねえ、帰りに駅の近くにあるタピオカの店に飲みに行かない?」と誘って、はじめて相模女子大学の学生とカレッジの学生がいっしょに出かけていったのです。とても微笑ましい光景でした。これが自然と言えば自然な姿なのですが、インクルーシブゼミがなければ絶対に起こらなかったことだと思いました。この事業をやってよかったと実感できた瞬間でした。

相模女子大生、ゆたかカレッジ生が「ともに学ぶことでともに変わった」という実感を得られたことが、この事業の最大の成果だったと考えます。

参考：ゆたかカレッジ横浜キャンパス「令和元年度文部科学省『障害者の多様な学習活動を総合的に支援するための実践研究』委託事業『共生社会の実現に向けた、知的障害者等への生涯学習プログラムの実践研究～大学との連携による「インクルーシブな学び」創成の試み～』報告書」2020年

エピローグ――知的障害者の2人に1人は大学に行く時代をめざして

２０１８年３月、１万８６６８人が知的障害特別支援学校高等部を卒業しました。そのうち大学に進学した人は76人（０・41％）、専門学校に進学した人は29人（０・15％）で、合計１０５名（０・56％）です（第１章第３節既出）。

私はこの進学者数を、３年後の２０２３年に１０００人（５％、20人に１人）に、10年後の２０３０年には４０００人（20％、５人に１人）に、20年後の２０４０年には１万人（50％、２人に１人）にしたいと考えています。

そのために、ゆたかカレッジの新キャンパスを全国各地にスピード感をもって設置していきたいと考えています。

現在、ゆたかカレッジは東京都、神奈川県、福岡県、長崎県、埼玉県、静岡県に合計10拠点を運営しています。その後も毎年新たに４拠点ずつ開設していく予定です。学びの場を１年でも早く、１か所でも多く開設することで、１人でも多くの知的障害がある人たちに学びの機会を提供するためです。

ゆたかカレッジの拠点拡大は、知的障害者の学ぶ権利の保障というムーブメント、ソーシャルアクションとして取り組んでいます。同時に私たちは、既存の高等教育機関（大学、短大、専門学校）に対し知的障害者の履修コースの積極的な設置を、強く要望していきたいと考えています。

また、ゆたかカレッジの生命線は、教育内容の充実と学生たちの満足度です。ゆたかカレッジの教育が学生・保護者の満足を得られるよう、学院長ならびに支援教員のさらなる資質向上が不可欠です。今後拠点が増えていくなかで、現在の研修システムをさらにブラッシュアップしていきたいと考えています。

ゆたかカレッジの在校生の成長や卒業後の職場や社会での活躍、高い就職率と定着率など、青年期の学びを通じた教育効果は如実に明らかになっている一方で、残念ながら、ゆたかカレッジの存在はまだまだ知られていません。

私たちは、もっともっと多くの人たちに知られるよう努力します。同時に、とりわけ保護者によって、子どもの可能性と伸び代を大きく開花させる機会が彼らに提供されることを期待しています。

文部科学省も障害者の生涯学習と高校卒業後の学びの機会の創出に力を入れています。海外諸国においても知的障害者の高等教育保障が大きなテーマになってきています。これらの国内外の情勢は、まさにゆたかカレッジが進もうとしている方向の追い風となっています。

さて、厚生労働省の国立社会保障・人口問題研究所は、日本の少子高齢化が今後ますます加速していくと予測しています。２０６０年の日本の人口は８６７４万人と、２０１０年比で32％４１３２万人減少し、65歳以上が5人に2人を占めると試算しています。

それらにともない働き手の減少も深刻になります。２０１０年に８１７３万人いた15～64歳の生産年齢人口は、２０６０年には４４１８万人とほぼ半減してしまいます。人口に占める割合は２０１０年の63・8％から２０６０年には50・9％に低下します。

このようなわが国の将来を展望したとき、労働力人口の減少を補うためには女性や高齢者、そして障害者の労働力率を高めるなどにより生産性の大幅な引き上げが必要となるに相違ありません。

それゆえに今後、知的障害者の労働力率を高めることも急務です。

２０１６年の統計調査によると、18歳以上65歳未満の知的障害者40・8万人に対し、就労者数は10・5万人、就労率は25・7％です（厚生労働省職業安定局「障害者雇用の現状等」２０１７年）。知的障害者の大学進学率が0・5％（既出）であることを踏まえると、就労者10・5万人のほぼすべては18歳までしか教育を受けていません。

しかし裏を返せば今後、知的障害者が高校卒業後もさらに4年間の学びの機会を得られるようになれば、いまよりもっと多くの人たちの就職の可能性が広がるに相違ないということでもあります。

また現在、日本における障害者法定雇用率は2・2％（民間）です。２０２０年度末までには2・3％になることが予定されています。一方、諸外国の障害者法定雇用率は、ドイツ5％、フランス6％、イタリア7％です。

日本の人口全体に占める障害者人口の割合が7・4％（厚生労働省「平成30年度障害者白書」）ですから、日本でも今後、障害者法定雇用率はますます上がるに違いありません。すると企業は、知的障害者に対して会社の戦力としての期待を注ぐでしょう。

今後、知的障害者の一般就労率はさらに伸びてくることが見込まれます。そのときに、そのような社会の期待に応えるべく、しっかりと青年期に学び成長し、会社の戦力に、そして社会貢献者として育つ機会と時間が不可欠になります。

それこそがまさに、知的障害者の高等教育保障の大きな目的の1つです。

これらの社会的基盤整備により、知的障害者が社会のなかで自らの個性や能力を十二分に発揮しながら、自信と誇りをもって幸せな社会生活を送っていける社会を構築していきたいと願っています。

あとがき

本書を執筆するにあたり、大勢の方のご指導ご支援をいただきました。

とりわけ、大変ご多忙のなかにもかかわらず座談会にご参加いただいた炭谷茂理事長、中邑賢龍教授、小林美保室長には、それぞれ社会貢献度の非常に高い活動に感銘を受けるとともに、それらの取り組みからたくさんの示唆をいただきました。また、ゆたかカレッジへの力強くかつ心温まるエールから、社会のため、障害者のためにますます努力していく勇気をいただきました。本当にありがとうございました。

カレッジ早稲田第1期卒業生の保護者のみなさまにも、お忙しいなかお集まりいただき、貴重な体験談、感動秘話をお聞かせいただきました。ありがとうございました。ゆたかカレッジを卒業した彼らが、それぞれの職場で社会の一員として生き生きと働いていることは、私たちゆたかカレッジスタッフにとって何よりの励みです。

いずれも保護者で、プロローグ、コラムにそれぞれ登場していただいた久保雅美さん、二階堂恵理子さん、取材等へのご協力ありがとうございました。横浜キャンパスで学んでいる久保ヒカルさん、江戸川キャンパスで学んでいる二階堂ユウリさんはじめカレッジの学生たちが、これからますます個性豊かで魅力的かつすてきな大人に育っていくよう精いっぱい努力してまいります。

ゆたかカレッジ卒業生の佐藤マサヒロさん、梅田カヨさん、島津タツヤさん、インタビューへのご協力ありがとうございました。これからも引き続き仕事などにがんばってください。そして、3人が勤務する各社には取材・掲載を快諾いただきました。深く感謝申し上げます。

また、ゆたかカレッジの各スタッフも、座談会参加や原稿執筆などたくさん協力していることを、感謝を込めて申し添えます。

最後に、株式会社クリエイツかもがわの田島英二社長、編集の小國文男さんとは3回目のご縁となりました。編集会議は毎回とても楽しく、やはり思いが通じ合うなかでの仕事のプロセスは本当にいいものだと今回も実感していました。本当にありがとうございました。

この本が多くの方々の手に渡り、知的障害者が18歳以降に学ぶことは決して特別なことではなく、ごく当たり前のことなのだと、1人でも多くの方々に実感していただける機会になることを願ってやみません。

特別支援学校卒業後ももっと学びたいと思っている知的障害者のみなさま、わが子の自立や就労のためにもっと学ぶ機会を与えたいと思っている保護者のみなさまの期待に応えるべく、今後も知的障害者の高等教育の機会の実現のために、ゆたかカレッジスタッフ一同精いっぱいがんばっている所存です。

今後とも、引き続きのご指導ご支援をよろしくお願い申し上げます。

2020年4月吉日

ゆたかカレッジ学長　長谷川正人

資料：ゆたかカレッジの理念と目標・キャンパス紹介（2020年4月現在）

【ゆたかカレッジの理念と目標】

●ゆたかカレッジの理念
当社は、すべての人への学びの機会の創造を通して社会に貢献する

●ゆたかカレッジの目標
障がい者の個々のニーズに応じた魅力ある高等教育の機会の保障
すべての人が共に学び、共に働き、共に暮らすインクルーシブ社会の実現
障がい者に対する差別と偏見のない社会の創造
障がい者とその家族のより豊かな暮らしの実現
社会貢献・社会変革の活動を通じた社員の働きがいの創出

【キャンパス紹介】

●早稲田キャンパス（本館）
〒169-0051東京都新宿区西早稲田2-15-10
西早稲田関口ビル3階
TEL03-5292-3020　FAX03-5292-3021
〈交通アクセス〉
副都心線「西早稲田駅」より6分
JR山手線・西武新宿線・東西線「高田馬場駅」徒歩11分

●早稲田キャンパス（別館）
〒169-0051東京都新宿区西早稲田3-17-20
大伸第一ビル6階
TEL03-6205-6889　FAX03-6205-6890
〈交通アクセス〉
副都心線「西早稲田駅」徒歩10分
JR山手線・西武新宿線・東西線「高田馬場駅」徒歩10分

●高田馬場キャンパス（本館）
〒169-0051東京都新宿区西早稲田3-17-21
シャルマンビル5階
TEL03-6380-2581　FAX03-6380-2582
〈交通アクセス〉
JR山手線「高田馬場駅」徒歩9分

●高田馬場キャンパス（第一別館）
〒171-0033東京都豊島区高田3-4-10布施ビル本館3階
TEL03-6914-0055　FAX03-6914-0044
〈交通アクセス〉
JR山手線「高田馬場駅」徒歩9分

●高田馬場キャンパス（第二別館）
〒169-0075東京都新宿区高田馬場2-4-11KSEビル4階
TEL03-6205-6801　FAX03-6205-6801
〈交通アクセス〉
JR山手線「高田馬場駅」徒歩9分
副都心線「西早稲田駅」徒歩10分

●江戸川キャンパス
〒133-0051東京都江戸川区北小岩1丁目4-3クラウンハイツ2B
TEL03-6458-0971　FAX03-6458-0972
〈交通アクセス〉
JR総武線「小岩駅」徒歩8分
京成本線「京成小岩駅」徒歩9分

●横浜キャンパス
〒244-0003神奈川県横浜市戸塚区戸塚町4647内田ビル2階
TEL045-410-6441　FAX045-410-6442
〈交通アクセス〉
JR東海道本線「戸塚駅」徒歩11分
横浜市営地下鉄ブルーライン「踊場駅」徒歩12分

●川崎キャンパス
〒211-0053 神奈川県川崎市中原区上小田中5-4-14
TEL044-819-6390　FAX044-873-3456
〈交通アクセス〉
JR南武線「武蔵中原駅」徒歩5分

●埼玉キャンパス
〒336-0015 埼玉県さいたま市南区太田窪5丁目27-4
センチュリー南浦和1階
TEL048-711-8963　FAX048-711-8964
〈交通アクセス〉
JR京浜東北・根岸線「南浦和駅」徒歩14分

●沼津キャンパス
〒410-0801 静岡県沼津市大手町5丁目5-3　2階
TEL055-957-7744　FAX055-957-7745
〈交通アクセス〉
JR東海道本線「沼津駅」徒歩4分

●福岡キャンパス
812-0041 福岡県福岡市博多区吉塚1丁目38-32
TEL092-611-2211　FAX092-611-2213
〈交通アクセス〉
JR鹿児島本線「吉塚駅」徒歩12分

●北九州キャンパス
〒802-0004福岡県北九州市小倉北区鍛冶町2-1-1
クルーズ勝山通ビル8階
TEL093-513-2271　FAX093-513-2273
〈交通アクセス〉
JR鹿児島本線「小倉駅」徒歩7分

●長崎キャンパス
〒856-0828長崎県大村市杭出津3-353-6
TEL0957-49-6000　FAX0957-49-6060
〈交通アクセス〉
JR大村線「大村駅」徒歩18分
長崎県営バス「大村バスターミナル」徒歩15分

【卒業生就職先企業一覧】

イオン九州株式会社（販売）／伊藤忠エネクス株式会社（農業）／㈱ウェザーニューズ（農業）／㈱エービーシー・マート（販売）／えがおさんさん（介護）／エフコープ沼店（販売）／九州労災病院門司メディカルセンター（事務）／くるめ犬猫クリニック（看護）／コゲツ産業㈱（流通）／済生会中央病院（看護）／㈱ザホラヤ（清掃）／㈱ジーユー（販売）／㈱日本入試センター（農業）／西洋フード・コンパスグループ㈱（飲食）／戦力エージェント㈱（農業）／㈱力の源カンパニー（飲食）／㈱トライアル諫早（販売）／㈱トライアル大村（販売）／トレックス・セミコンダクター㈱（農業）／㈱中村興産（販売）／㈱ニチイケアパレス（清掃）／㈱ハーバー研究所（農業）／パーソナルチャレンジ㈱（事務）／ハローディ大手町店（販売）／㈲ヒーリングハウスケアサービス（介護）／㈱プレナスワークサービス（清掃）／医療法人水戸病院（看護）／㈱メイテックビジネスサービス（事務）／㈱山口フィナンシャル（事務）／楽天カード株式会社（事務）／㈱レイメイ藤井（流通）／レジデンス大村（介護）

プロフィール

長谷川正人（はせがわ まさと）

ゆたかカレッジ学長。
1960年福岡県北九州市生まれ。1983年日本福祉大学社会福祉学部卒業、2012年日本福祉大学大学院社会福祉学修了。1991年社会福祉法人「鞍手ゆたか福祉会」設立。1992年知的障害者通所授産施設「鞍手ゆたかの里」設立。2003年知的障害者入所更生施設「サンガーデン鞍手」設立。2009年より理事長。2018年より名誉理事長。2017年11月より株式会社ゆたかカレッジ代表取締役社長。社会福祉士、精神保健福祉士。
メールアドレス：ma.hasegawa@yutakacollege.com
主な著作『知的障害者の大学創造への道』2015年、『知的障害の若者に大学教育を―米・欧・豪・韓9か国20大学の海外視察から―』2019年（以上クリエイツかもがわ）、『特別支援教育と介護入門』2019年（あいり出版）、『Providing higher education to young people with intellectual disabilities (ID) Observations from 20 universities in nine countries including the US, Europe, Australia, and Korea.』2019年（ブイツーソリューション）。

株式会社ゆたかカレッジ

社会福祉法人鞍手ゆたか福祉会として、2012年「ゆたかカレッジ福岡キャンパス」を開設しカレッジ事業をスタート。2014年東京都新宿区に「同早稲田キャンパス」を開設。ゆたかカレッジに対する関東地区のニーズの大きさを痛感。そこで、スピード感を持って拠点を増やすために、カレッジ事業を社会福祉法人から切り離し2018年4月より株式会社化。2020年4月現在、東京都、神奈川県、埼玉県、静岡県、福岡県、長崎県の1都5県に10キャンパスを運営。全学生数300名。
ホームページ：https://yutaka-college.com
公式 facebook：https://www.facebook.com/yutakacollege
公式ツイッター：https://twitter.com/yutakacollege
メールアドレス：jimu@yutakacollege.com

知的障害者の高等教育保障への展望
知的障害者の大学創造への道 2

2020 年 4 月 30 日　初版発行

編著者●長谷川正人・ゆたかカレッジ
発行者●田島英二
発行所●株式会社 クリエイツかもがわ
〒 601-8382 京都市南区吉祥院石原上川原町 21
電話 075（661）5741　FAX 075（693）6605
http://www.creates-k.co.jp　taji@creates-k.co.jp
郵便振替　00990-7-150584
執筆協力・編集・一部撮影●小國　文男
デザイン●佐藤　匠
印刷所●モリモト印刷株式会社
ISBN978-4-86342-285-8 C0037　printed in japan